8.-13. Schuljahr

Annette Pölert-Klassen & Evelyn Uthmeier

Janusz Korczak
Anwalt der Kinder

Pädagogik • Geschichte • Religion • Ethik

Mit ausführlichem Beitrag zum historischen Hintergrund des Mannes und seiner Zeit

KOHL VERLAG
Lernen mit Erfolg

www.kohlverlag.de

Janusz Korczak
Anwalt der Kinder

2. Auflage 2022

© Kohl-Verlag, Kerpen 2018
Alle Rechte vorbehalten.

<u>Inhalt</u>: Annette Pölert-Klassen & Evelyn Uthmeier
<u>Redaktion</u>: Kohl-Verlag
<u>Grafik & Satz</u>: Kohl-Verlag
<u>Druck</u>: farbo prepress GmbH, Köln

Der Textbeitrag zum **historischen Teil** stammt von **Klaus Venghaus**.
Zeichnungen: **Frauke v. Lowtzow, Evelyn Uthmeier/Sabeth Niemann**
Wir bedanken uns bei den Kollegen **Rainer Pielsticker** und **Jutta Lange** für ihre <u>Mitarbeit</u> an diesem Schülerbuch.

Unser ganz <u>besonderer Dank</u> gilt dem „**Korczakianum**" in Warschau und seiner Leiterin **Marta Ciesielska**. Ihre Hilfsbereitschaft und engagierte Mitarbeit haben viel zu einem besseren Verständnis des großen polnischen Menschen Janusz Korczak beigetragen.

Auch die **Fotos** von Janusz Korczak und seiner Zeit hat uns das *Korczakianum* kostenlos zur Verfügung gestellt.

Ein „<u>Herzliches Dankeschön</u>" gehört auch **Joachim Zwick**, der uns seine Grafik „Polen Ende 1800" kostenlos überließ.

Bestell-Nr. 12 228

ISBN: 978-3-96040-395-1

Das vorliegende Werk und seine Teile sind urheberrechtlich geschützt. Jede Nutzung in anderen als den gesetzlich zugelassenen Fällen bedarf der vorherigen schriftlichen Einwilligung des Verlages. Hinweis zu § 52a UrhG: Weder das Werk noch seine Teile dürfen ohne eine solche Einwilligung eingescannt und in ein Netzwerk oder das Internet eingestellt werden. Dies gilt auch für Intranets von Schulen und sonstigen Bildungseinrichtungen.

Der vorliegende Band ist eine Print-<u>Einzellizenz</u>

Sie wollen unsere Kopiervorlagen auch digital nutzen? Kein Problem – fast das gesamte KOHL-Sortiment ist auch sofort als PDF-Download erhältlich! Wir haben verschiedene Lizenzmodelle zur Auswahl:

	Print-Version	PDF-Einzellizenz	PDF-Schullizenz	Kombipaket Print & PDF-Einzellizenz	Kombipaket Print & PDF-Schullizenz
Unbefristete Nutzung der Materialien	x	x	x	x	x
Vervielfältigung, Weitergabe und Einsatz der Materialien im eigenen Unterricht	x	x	x	x	x
Nutzung der Materialien durch alle Lehrkräfte des Kollegiums an der lizensierten Schule			x		x
Einstellen des Materials im Intranet oder Schulserver der Institution			x		x

Die erweiterten Lizenzmodelle zu diesem Titel sind jederzeit im Online-Shop unter www.kohlverlag.de erhältlich.

Inhaltsverzeichnis

Inhaltsverzeichnis/Literaturhinweise 4-5
Glossar 6
Hinweise zum Arbeitsbuch 7

Vorbilder 8-9
Anschreiben 10-11

Spurensuche 12
Die Kindheit von Henryk Goldszmit, alias Janusz Korczak 13
Ein kleiner Junge versucht seine Welt zu verstehen 14
Bilder, die im Gedächtnis bleiben 15
Janusz Korczak und seine Familie 16-17
Janusz und die armen Kinder von Warschau 18

Kinderarmut auch im heutigen Deutschland? 19
Zwei Interviews zur Kinder- und Jugendarmut 20
Jugendliche im Jahre 2018 - Armut auch unter uns? 21

Der Schüler Janusz 22
Der Tod der Großmutter und des Vaters 23

Die Welt zu reformieren heißt, die Erziehung zu reformieren 24
Die Entscheidung: Korczak wird Medizin studieren 25

Studienzeit 1898 -1905 26
Studiumschwerpunkt: Menschenkunde 27
Soziales Engagement während der Studienzeit 28-29
Korczak - ein Träumer und Phantast? 30

Soziales Engagement - nur ein Egotrip? 31
Die Welt ein kleines bisschen besser machen 32
Engagement heute 33

Janusz Korczak - ein vielseitig interessierter Student 34

Janusz Korczak im Kriegseinsatz 35

Als junger Arzt in Warschau 36-37

Korczaks Forderung: Eine „Charta der Menschenrechte" für Kinder 38-39
Die Sommerkolonien 40-41
Korczak übernimmt die Leitung des neuen Waisenhauses in Warschau 42
Korczaks pädagogische Arbeit 43
„Dom Sierot" - (Haus der Waisen) 44-45

Der Erste Weltkrieg: Kriegseinsatz 1914 -1918 46

Janusz Korczak - Vater der heutigen Kinderrechte 47
Die Rechte des Kindes „Magna Charta Libertatis" 48
Gelebte Demokratie im Haus der Kinder 49-50
Hilfen des Alltags im Waisenhaus 51
Korczak - klug, emotional und voller Fantasie 51-53
Organisation im Waisenhaus 54

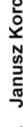

Inhaltsverzeichnis

Letzte Jahre im „Dom Sierot"...55
Der Zweite Weltkrieg beginnt in Polen 56-57
Umzug ins Ghetto 1940 58-59
Das Warschauer Ghetto 60-61
Der letzte Gang...62
Können wir von Janusz Korczak lernen?...63

Historischer Teil:
Zur Geschichte Polens 1772-1942

Von der ersten, zweiten und dritten Teilung Polens...64
Die katholische Kirche als Bewahrerin der polnischen Idee...65
Polen zur Zeit der Geburt von Janusz Korczak 66
Zur Rolle der Juden in Polen in der zweiten Hälfte des 19. Jahrhunderts 67
Die Warschauer „Wohltätigkeitsgesellschaft" und politische Gruppierungen als Reaktionen auf die Soziale Frage....68
Die Juden besinnen sich ihrer eigenen Identität 69
Die Zeit des Ersten Weltkriegs 70
Pilsudski, die führende Kraft in Polen...71
Verstärkung der Spannungen zwischen christlichen und jüdischen Polen 72
Der Zweite Weltkrieg beginnt 73
Polen unter deutscher Besatzung 74
Die Endlösung der Judenfrage hat begonnen 75
Isolierung und Vernichtung der Juden in den Ghettos und Lagern 76
Treblinka: Das Ende Korczaks und seiner Kinder 77

Zum Weiterarbeiten:
Projektvorschläge 78

Literaturhinweise:
Korczak, Janusz: Tagebuch aus dem Warschauer Ghetto 1942. VR Kleine Vandenhoeck-Reihe 2. Aufl. 1996
Pelzer, Wolfgang: Janusz Korczak. Hg. Wolgang Müller/Uwe Naumann rororo bildmonographien 5. Aufl. 1996
Pelz, Monika: Nicht mich will ich retten. Gulliver v. Gelz und Gelberg 3. Aufl. 1995
Beiner, Friedhelm: Janusz Korczak. Themen seines Lebens. Gütersloher Verlagshaus. 1. Auflage 2011
Korczak,Janusz: Ein Held der Kinder. Tomek Bogacki. Knesebeck GmbH 2010
Korczak, Janusz: Wenn ich wieder klein bin. Berlin. 1978

Historischer Teil:
Golczewski, Frank, Polnisch-jüdische Beziehungen 1881-1922, Wiesbaden 1981
Hilberg, Raul, Die Vernichtung der europäischen Juden. Die Gesamtgeschichte des Holocausts, Berlin 1982
Hoensch, Jörg K., Geschichte Polens, Stuttgart 1998, 3. erw. Auflage
Meyer, Enno, Die Grundzüge der Geschichte Polens, Darmstadt 1990, 3. erw. Auflage
Wiese, Stefan, Pogrome im Zarenreich – Dynamiken kollektiver Gewalt, Hamburg 2016
Fachzeitschriften zum Thema:
Praxis Geschichte 3/1993, Polen
Praxis Geschichte 2/1995, Ostmitteleuropa
Praxis Geschichte 6/1995, Der Holocaust
Praxis Geschichte 5/2012, NS-Verbrechen – erinnern und urteilen
G-Geschichte 11/1988, Juden im Abendland
G-Geschichte 6/1995, Zwischen den Mühlsteinen – Polen 1795-1990
G-Geschichte 2017 Spezial, Juden in Europa
Aus der Vielzahl der Internet-Links drei interessante und informative Adressen:
www.ieg-ego.eu
www.judentum-projekt.de
www.herder-institut.de

Glossar

Anekdote
assimiliert
deformieren
Dekadenz
Despotismus
Dilemma
forcieren
institutionalisieren
Gestapo
introvertiert
Judenrat
Konsultationen
kontraproduktiv
Kurzgeschichte
liberal
lukrativ
Opportunist
Optimist
pater familiae
Pragmatismus
Proletariat
Reformpädagoge
Relikt
Sabbat
Satire
Traumata
unkonventionell

Glossar zum historischen Teil:

Agitation
annektieren
Despotismus
forcieren
latent
konstatieren
humanistisch
okkupieren
Pragmatismus
proklamieren
reaktionär
Urbanisierung
zwangsrekrutieren

Hinweise zur Arbeit mit diesem Schülerbuch

Liebe Schülerinnen und Schüler, liebe Kollegen und Kolleginnen,

dieses Schülerarbeitsheft richtet sich an unterschiedliche Altersstufen, das heißt, Schülerinnen und Schüler des 8. Jahrgangs wie des 13. Jahrgangs arbeiten damit. Das bedeutet, dass ihr, die Jugendlichen, individuell mit den Aufgabenstellungen umgehen müsst. Von den Älteren unter euch werden qualitativ andere und ausführliche Beiträge gefordert, ohne dass ihr darauf gezielt hingewiesen werdet. Ihr werdet also zu eigenverantwortlichen Entscheidungen aufgefordert. Manche Aufgabenstellungen sind vielleicht nicht so einfach zu bearbeiten, wie dies zunächst scheinen mag.

An dieser Stelle bekommt das **Zusatzheft** eine besondere Bedeutung. Das ist ein zusätzliches Heft bzw. ein zusätzlicher Ordner, in dem ihr Aufgaben schriftlich bearbeitet. Hier könnt ihr euer volles individuelles Leistungspotential zeigen und der korrigierende Lehrer oder die Lehrerin kann dies gut nachvollziehen.

Bei den Aufgabenstellungen geht es selten um die Beantwortung reiner Wissensfragen, bei denen man das, was man einmal gelernt hat, zu Papier bringt. Vielmehr sind eure eigenen Denkansätze, eure Einstellungen und euer Urteilsvermögen gefragt. Oft gibt es keine Antworten, die mit richtig oder falsch zu bewerten sind, sondern die darauf hinweisen, ob ihr ein Problem oder eine Situation nachvollziehen, beurteilen und einschätzen könnt und zu einer kritischen, eigenständigen Beurteilung in der Lage seid.

Die kleinen Icons, die ihr in den Aufgabenkästen findet, weisen auf den Schwierigkeitsgrad der Fragestellungen hin. Das heißt nicht, dass die Jüngeren unter euch oder diejenigen, die sich als leistungsschwächer einstufen, die Antworten nicht versuchen sollten. Vielleicht liegt euch gerade diese Frage besonders und ihr könnt viel daraus machen. Die Zeichen dienen lediglich zur Orientierung.

 ... steht für ein einfaches Niveau.

 ... steht für ein mittleres Niveau.

 ... steht für ein höheres Anspruchsniveau.

 Die Gruppe steht für ein **Anspruchsniveau**, mit dem jeder nach seinen Fähigkeiten arbeiten kann.

 Dieses Icon steht für eine alternative Bearbeitung von Aufgaben, die euch die Möglichkeit überlassen, zwischen unterschiedlichen Aufgabenstellungen auszuwählen.

Häufig findet ihr in den Fragestellungen das „Gruppenicon", also der Stern, das Smiley und das Herz nebeneinander. Es sagt nicht, dass die Aufgabe, die gestellt wurde, einfach ist, sondern dass sie auf unterschiedlichem Niveau bearbeitet werden kann und soll. Jeder soll daraus machen, was er oder sie kann.

In den Aufgabenstellungen wird das „Du" als Anrede verwendet. Wer ein „Sie" bevorzugt, liest einfach stattdessen ein „Sie". Danke! Im Text stoßt ihr auf Wörter, die *kursiv fettgedruckt* sind. Mit diesen Wörtern sollt ihr euer eigenes „**Glossar**" anfertigen. (Das ist ein alphabetisches Wörterverzeichnis mit Erklärungen). Platz dafür findet ihr auf S. 8 des Arbeitsheftes.

Wir fänden es toll, wenn ihr nicht nur auf Grund von eventuell guten Noten oder als Pflichterfüllung mit diesem Buch arbeiten würdet.

Wir wünschen uns, dass ihr euch von dem großartigen Menschen, dem Humanisten Janusz Korczak begeistern lasst und seinen Spuren emotional und mit Interesse folgt.

Annette Pölert-Klassen
und Evelyn Uthmeier

Vorbilder

> „Gott, schenke mir ein hartes Leben,
> aber lass es schön, erfüllt und würdig sein."
> J. Korczak Ghetto-Tagebuch

Aufgabe 1: ⊙!★

Wenn du dir ein Vorbild aussuchen wolltest, wen würdest du nennen?

*Bitte suche **zwei** lebende oder auch schon tote Persönlichkeiten aus, die du als „Vorbild" akzeptieren kannst und begründe anschließend deine Wahl.*

___

Ein Bild

oder Foto

deines Vorbildes

___

Ein Bild

oder Foto

eines weiteren Vorbildes

Janusz Korczak

Wovon hängt es ab, ob wir einen Menschen als Vorbild bezeichnen? Es hängt auf jeden Fall von unseren Erwartungen ab, von unseren religiösen, gesellschaftlichen oder auch philosophischen. So kommt es, dass die unterschiedlichen Zeitalter auch unterschiedliche Vorbildvorstellungen hatten.

Doch es gibt auch Kriterien, die die Zeiten und Zeiteinstellungen überdauern. So gehören möglicherweise Zivilcourage oder Verantwortungsbereitschaft seit eh und je zu den Eigenschaften eines Vorbildes. Es kann allerdings geschehen, dass wir uns mit diesen Eigenschaften das Leben schwer machen oder es sogar riskieren. Ein Mensch, der als Vorbild gilt, lebt nicht nur um seines eigenen Vorteils willen, sondern auch zum Wohle anderer. Er übernimmt die Verantwortung für sein Handeln, folgt seinem eigenen Gewissen und passt sich nicht unbedingt der vorherrschenden Meinung an.

Aufgabe 2: ⊙!★

Welche Eigenschaften und Charakterzüge gehören deiner Meinung nach zu einem wirklich „echten", menschlichen und langlebigen Vorbild?

_____
_____
_____

Aufgabe 3: ⊙!★

Die auf den Fotos abgebildeten Personen wurden bei einer schulinternen Umfrage von vielen Jugendlichen als „Vorbilder" bezeichnet.

a) Bitte schreibe ihre Namen unter die Bilder, wenn du sie kennst!
b) Recherchiere über sie im Internet, was sie getan haben und warum sie zu einem Vorbild für andere geworden sind. Notiere diese Informationen in dein Zusatzheft!
c) Bereite deine Informationen so auf, dass du einen Kurzvortrag halten kannst.

In unseren Geschichtsbüchern wird von Alexander bis Napoleon viel über Heerführer, Generäle und deren Schlachten berichtet. Sie hatten und haben die Hauptaufmerksamkeit der Geschichtsschreibung und damit auch des Unterrichts. Immer geht es dabei um den Einsatz von Gewalt und Gegengewalt, um Kriege und um massenhaftes, unbeschreibliches menschliches Leid und Elend.

Es gab und gibt aber auch ganz andere Menschen, die für uns Vorbildcharakter haben könnten. Diese wurden aber nicht in den Fokus der Geschichtsbücher gerückt, obwohl sie, auch geschichtlich gesehen, sehr viel bewirkt haben, ohne dem Kreislauf der Gewalt gefolgt zu sein.

Aufgabe 4: ⊙!★

Kennst du Menschen, die in Bezug auf den oben aufgeführten Text genannt werden sollten?

Bitte schreibe ihren Namen in dein Zusatzheft und beschreibe, inwiefern sie die Menschen ihres Zeitalters positiv beeinflusst, ihnen Mut gemacht oder sich als Vertreter der Menschlichkeit und unserer Welt hervorgetan haben! Können diese Menschen auch unserer Generation noch etwas sagen?

Liebe Schülerinnen, liebe Schüler,

> „Der Weg, den ich zu meinem Ziel hin eingeschlagen habe, ist weder der kürzeste noch der bequemste;
> für mich jedoch ist er der beste, weil er mein eigener Weg ist."
> J. Korczak

Wahrscheinlich haben eure Lehrerinnen oder Lehrer euch über das Thema informiert, das ihr in den folgenden Stunden behandeln werdet: „Janusz Korczak". Und vielleicht gehen euch im Hinblick auf diese Information einige Gedanken, Gedankensplitter oder auch Fragen durch den Kopf.

Z.B.: „Wer ist der Typ?" - „Der Name sieht komisch aus, man weiß gar nicht, wie man das aussprechen soll!" - „Wieder jemand, der schon lange tot ist und mit dem wir uns jetzt beschäftigen sollen! Was sagen uns die alten Menschen? Was macht das Ganze für einen Sinn? Sollten wir uns doch lieber mal mit jemandem wie Edward Snowdon oder Toni Kroos beschäftigen, die sind Teil unserer Lebenswirklichkeit und beeinflussen unser Leben".

Bei dieser letzten Forderung sind wir, erstaunlicherweise, exakt bei **Janusz Korczak** gelandet. Es gibt wohl kaum einen Menschen, der das heutige Schulleben, also unseren Alltag, unsere moderne Erziehung, so stark geprägt hat wie dieser Mann. Für ihn stand nicht der bedingungslose Gehorsam dem Lehrer gegenüber im Vordergrund, nicht allein das kognitive Wissen, sondern immer das Kind, der individuelle Jugendliche selbst. Daran sollten seine Erzieher, seine Lehrerinnen und Lehrer sich orientieren. Das Ziel jeglicher Erziehung sollte sein: Kinder, **ihren individuellen Voraussetzungen entsprechend, zu selbstständigen, wissenden, fröhlichen, freien Menschen heranwachsen zu lassen.**

Allein das spricht dafür, dass es durchaus lohnend ist, sich mit dem Leben dieses Mannes zu beschäftigen und herauszufinden, was er uns an Ideen einer freien, menschenwürdigen Erziehung gegeben hat.

Mit all seiner Kraft und gegen alle Widerstände engagierte J. Korczak sich, ohne dafür bezahlt zu werden, für junge Menschen und dafür, dass diese ein menschenwürdiges Leben führen und sich frei entwickeln konnten.

Wer sich von euch schon einmal intensiv für etwas eingesetzt hat, weiß aber auch, wie schwierig dies ist. Es kostet viel Kraft, Mut, Selbstdisziplin und einen starken Willen. Oft erlebt man, dass andere Menschen die eigene Sichtweise oder den eigenen Einsatz nicht teilen oder schätzen. Manchmal gehören sogar Mitglieder aus dem Freundes- oder Familienkreis dazu. Oft fühlt man sich dann allein gelassen, entmutigt oder frustriert, weil man sich doch eigentlich sicher ist, etwas Gutes oder Sinnvolles zu tun.

Sich gemeinsam mit anderen für etwas zu engagieren macht viel Spaß und vermittelt gute Gefühle, doch sich gegen einen Widerstand von außen für bestimmte Ziele einzusetzen, ist schwer.

Ganz besonders gilt dies für Menschen, die nicht in einem demokratischen Staat leben.

Wer sich z. B. im heutigen China oder Nordkorea für Menschenrechte oder auch die Presse- und Meinungsfreiheit einsetzt, erfährt nicht nur Ablehnung, sondern setzt seine Freiheit oder sogar sein Leben aufs Spiel.

Gar nicht so weit weg von Deutschland können wir ähnliche Verhältnisse beobachten.

U. a. aus der Türkei melden die Nachrichten immer wieder Verletzungen der Menschenrechte.

Zeichnung: Frauke v. Lowtzow

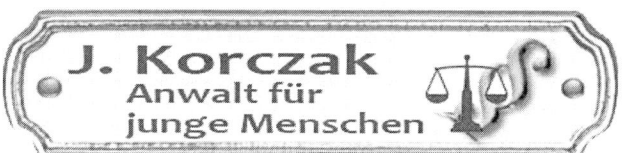

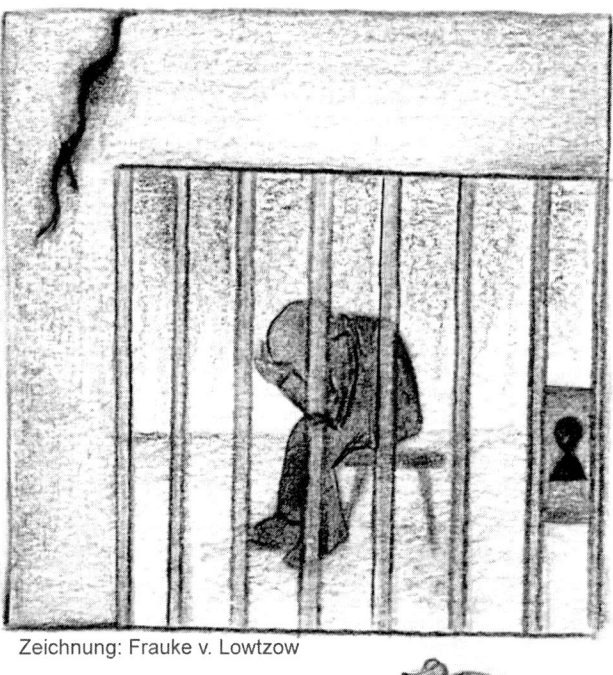

Zeichnung: Frauke v. Lowtzow

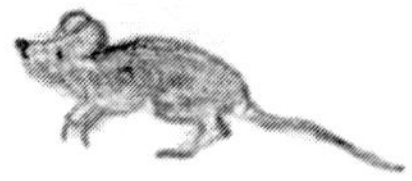

Doch auch hier gibt es mutige und engagierte Menschen, die sich z. B. für das Recht der freien Meinungsäußerung einsetzen und mutige Berichterstatter, die aufbegehren und sich unter Gefährdung ihrer eigenen Freiheit für demokratische Grundwerte einsetzen.

Hier kommt wieder Janusz Korczak ins Spiel. Er hat uns im vergangenen Jahrhundert gezeigt, wie man sich gegen Unrecht wehren und sich für andere einsetzen kann, ohne daraus eine große eigennützige „Show“ zu machen. Genau wie bei den oben genannten Beispielen aus unserer Zeit ging es zur Zeit Korczaks um extreme Verletzungen der Menschenrechte. Erwachsene und Kinder wurden ihrer Freiheit und ihrer Menschenwürde beraubt. Korczak sah dieses Unrecht und versuchte, mit allem, was ihm zur Verfügung stand, dagegen anzugehen und zu helfen.

Inmitten der Unmenschlichkeit einer Diktatur blieb er **menschlich**, wie gefährlich diese Eigenschaft auch für ihn war.

Er wurde und wird mit den unterschiedlichsten Titeln bedacht: „weltbekannter Pädagoge“, „Schriftsteller“, „anerkannter Arzt“, „Held der Kinder“, „Anwalt der Jugend“, „Freund und Helfer der Armen und Waisen“ etc.

Doch er war vor allem eins:

**ein großartiger Mensch,
ein Vorbild für vergangene,
gegenwärtige und zukünftige
Generationen.**

J. Korczak
Anwalt für junge Menschen

Das sind große Worte. Ob sie stimmen, sollten wir überprüfen. Nicht zu viel Aufwand und nicht zu viel Anstrengung für einen Menschen, der zwei Drittel seines Lebens in den Dienst junger Menschen gestellt hat.

Wer war dieser Janusz Korczak, der sich sein Leben lang für junge Menschen, für den schwächeren Teil der Gesellschaft engagierte und was kann er uns, obwohl er lange tot ist, noch Lebendiges vermitteln?

Folgen wir offen und ohne Vorurteile seinen Lebensstationen. Überprüfen wir, ob dieser Mann uns auch heute noch etwas zu sagen hat oder ob es sich bei ihm um eine geschichtliche Figur handelt, die nichts mehr mit unserem Leben und unseren Anforderungen und Einstellungen zu tun hat.

Wagen wir den Versuch! Er hat es verdient!

Setzen wir uns also ins Auto und fahren in die Stadt, in der seine Familie zu Hause war und in der sein Leben begann!

Folgen wir seinen Spuren

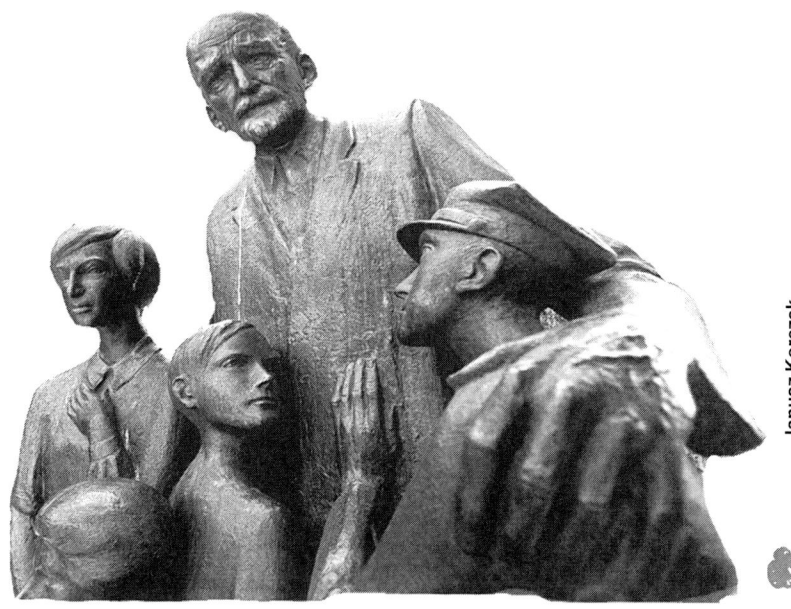

Spurensuche

Bitte betrachtet die Collage und wertet sie aus! Nutzt die Atlanten!

Aufgabe 1: ⊙!★
In welcher Stadt beginnt die Reise und wie lautet das Ziel? _____

Aufgabe 2: ⊙!★
Nenne die entlang der breiten Route abgebildeten Städte (wenn du kannst, auch andere, die in der Nähe liegen)!

_____.

Aufgabe 3: ⊙!★
Was behindert verkehrstechnisch häufig ein schnelles Vorwärtskommen und worauf lässt dies schließen?

_____?

Aufgabe 4: ⊙!★
Worauf weisen die abgebildeten Fotos hin? Ist Polen eher ein Agrar- oder ein Industriestaat? Begründe deine Antwort!

_____

_____.

Aufgabe 5: ⊙!★
Einige Bilder der Collage fanden bisher noch keine Berücksichtigung. Wofür könnten sie stehen? Schreibe dies in dein Zusatzheft.

Janusz Korczak

Die Kindheit von Henryk Goldszmit,
alias Janusz Korczak

> „Ich liebe die Weichsel bei Warschau und ich habe brennendes Heimweh nach Warschau, wenn ich fern von ihm bin."
> J. Korczak. aus: Tagebuch aus dem Warschauer Ghetto

Henryk Goldszmit, alias Janusz Korczak, wurde am 22. Juli 1878 oder 1879 (das genaue Geburtsjahr ist nicht aktenkundig) in Warschau in der Bielanska Str. Nr. 18 geboren und dort wuchs er auf. Sein Elternhaus befand sich ganz in der Nähe des Schlosses, in der wunderschönen Altstadt Warschaus. Sein Vater, **Jósef Goldszmit**, war dort ein anerkannter Advokat (Rechtsanwalt) und sein Großvater Arzt.

Der Vater war, wie es damals in den meisten bürgerlichen Familien üblich war, „*pater familiae*". Er hatte die Schlüsselgewalt zum „Tresor" und das „Sagen im Haus", wie es J. Korczak in seinem Tagebuch aus dem Ghetto schrieb.

Seine Mutter hieß **Cecylia**, geborene Gebicka, und sie sorgte sich vor allem um die Familie, den Mann, den Sohn und dessen jüngere **Schwester Anna**.

Der Junge erhielt den Namen Hersz/Hirsz, das war der Name seines Großvaters, man nannte ihn aber bei seinem christlichen Namen „Henryk". Als er in späteren Jahren für den Rundfunk einige Sendungen und in Zeitschriften mehrere Artikel und Erzählungen veröffentlichte, wurden diese unter seinem Pseudonym „**Janusz Korczak**" herausgegeben.

Zeichnung: Frauke v. Lowtzow

Diesen Namen behielt er für all seine Veröffentlichungen bei und so wollen wir ihn auch, der Einfachheit halber, durchgehend in diesem Heft nennen.

Aufgabe 1: ⊙!★

Was wünschst du dir für die zukünftige Arbeit mit diesem Heft zum Thema Korczak? Was erwartest du? Bitte schreibe deine Wünsche und Vorstellungen in dein Zusatzheft. Vergleicht anschließend eure Aufzeichnungen und prüft am Schluss eurer Beschäftigung mit diesem Buch, was sich davon erfüllt hat.

Aufgabe 2: ⊙!★

Bitte beginne auf einer der letzten Seiten deines Zusatzheftes einen „Tabellarischen Lebenslauf", in dem du die Daten des Lebens von J. Korczak festhältst.
Füge alle neuen Informationen, die du während der Arbeit mit diesem Buch erfährst, kontinuierlich hinzu!

Ein kleiner Junge
versucht seine Welt zu verstehen

Als Junge hätte Janusz gerne außerhalb seines Kinderzimmers und der elterlichen Wohnung gespielt. Ganz besonders im **„Salon"**, einem Symbol des gehobenen städtischen Bürgertums der damaligen Zeit, musste man auf Spiegel, Vasen, Glasvitrinen, Teppiche, Vorhänge und andere Kostbarkeiten achten, die nicht kaputt gehen durften. Herumspringen oder Herumtoben war absolut verboten. Hier knüpften die Erwachsenen Kontakte, fanden Musikveranstaltungen statt, wurden Wohltätigkeitsveranstaltungen geplant und durchgeführt und vieles mehr. In den „Salons" zeigte das gehobene Bürgertum seinen Wohlstand, sein kulturelles Engagement und seinen „guten Geschmack".

Durch das Fenster seines Kinderzimmers sah der Junge, wie die Gleichaltrigen draußen mit dem Ball spielten und tobten. Wie gerne wäre er in den Hof gerannt und hätte mit ihnen Spaß gehabt. Doch Kontakt mit den „Straßenkindern" draußen kam nicht in Frage. Sie waren schmutzig, verlaust und hatten keine Manieren.

Janusz sah das anders. Diese Kinder mussten nicht darauf achten, ihre Kleidung sauber zu halten, durften laut schreien und auf dem Hof lachen und Spaß haben.

Die Eltern und das Kindermädchen erklärten ihm, diese Kinder seien kein Umgang für ihn.

Auch hätten sie gefährliche, ansteckende Krankheiten, Läuse und Flöhe und viele wären sogar kriminell.

Wenn er gemeinsam mit dem Vater auf den Schlossplatz oder an der Weichsel entlang ging, sah und hörte er viele arme, hungernde Kinder, die ihr Leben zum größten Teil auf der Straße verbrachten.

Es stimmte, was die Erwachsenen ihm erzählten. Sie hatten Läuse und sie redeten nicht so vornehm und höflich, wie er selbst dies von zu Hause aus gewöhnt war. Doch es stieß ihn nicht ab. Schon dem kleinen Janusz fiel auf, dass in der Gesellschaft, in der er groß wurde, etwas nicht stimmte. Er begriff den krassen Unterschied zwischen Arm und Reich nicht und er machte sich seine Gedanken darüber. Was unterschied ihn von den Kindern, mit denen er nicht spielen durfte? Warum hatte er ein eigenes Zimmer, Spielzeug, genug zu essen und die Jungen und Mädchen, die er in der Stadt sah, hatten dies nicht? Was trennte sie von ihm selbst und wo waren die Gründe dafür zu finden?

Aufgabe 1: ★

Bitte versetze dich in die Rolle des kleinen Jungen, der am Fenster seines schönen Kinderzimmers steht und die Kinder draußen beobachtet. Ihm gehen neben seinen eigenen Eindrücken und Empfindungen die Aussagen der Erwachsenen gegenüber den „Straßenkindern" durch den Kopf.

Formuliere einen inneren Monolog in deinem Zusatzheft, indem du dich in J. K. hineinversetzt und deine Gedanken und Gefühle in der Ich-Form aufschreibst. Lies deinen Text in der Lerngruppe vor oder nimm ihn vorher auf (Handy, Tablet o. ä.).

Bilder,
die im Gedächtnis blieben

So viele kleine Spatzen gab es in Warschau. Alle hatten Hunger und nie schienen sie satt zu werden. Oft ging Janusz mit seinem Kindermädchen und seiner jüngeren Schwester in den „Sächsischen Garten" von Warschau. Hier fütterte er die Spatzen. Kaum hatte er alles Futter verteilt, kamen schon neue hinzu und wollten etwas bekommen. **Es waren einfach viel zu viele für das, was es zu verteilen gab.**

Ein Erlebnis, das den Jungen tief erschütterte, geschah nach dem Tod seines Kanarienvogels. Er wollte ihn in einer Kiste im Garten begraben und ein Kreuz sollte die Stelle markieren, damit der Vogel auch in den Himmel kommen könne. Das Dienstmädchen belehrte ihn, dass dies eine Sünde sei und er das auf keinen Fall tun dürfe. Ein Vogel sei ein niedriges Wesen, viel niedriger als ein Mensch. Da dürfe man kein Kreuzzeichen benutzen.

Der Sohn des Hausmeisters machte alles noch schlimmer. **Er, Janusz, sei Jude** und deshalb sei dies auch der Vogel. Deswegen dürfe kein Kreuz auf dessen Grab stehen.

„Er würde ins Paradies kommen, ich dagegen, wenn ich keine hässlichen Ausdrücke gebrauchen und ihm immer folgsam im Haus stibitzten Zucker mitbringen würde, käme nach dem Tod zwar nicht gerade in die Hölle, aber irgendwohin, wo es ganz dunkel sei. Und ich hatte Angst in einem dunklen Zimmer. Tod-Jude-Hölle. Das schwarze jüdische Paradies. Es gab genug Grund zum Grübeln."[1]

Wie schon erwähnt, vergaß Janusz Korczak seine Wünsche, Träume und Illusionen als Erwachsener nicht, und als Schriftsteller verfasste er darüber ein Buch: **„König Hänschen"**.
Nachdem der Vater an einer schweren Krankheit gestorben ist, übernimmt Hänschen, der Sohn, die Regentschaft. Die Hofetikette verbietet ihm das Spielen mit anderen Kindern und er sitzt in einem „goldenen Käfig".
Doch der kleine Junge lehnt sich auf gegen die Macht der Erwachsenen, die ihn nicht als kleinen Menschen respektieren, ihm keine Achtung, keine Rechte und keinen Respekt entgegenbringen, obwohl er König ist.

Indem der kleine Junge in der Erzählung gegen Ungerechtigkeit, Hunger und Armut in den „Kampf" zieht, machte Korczak deutlich, dass Kriege nicht nur auf dem Schlachtfeld geführt werden.

1.) In: J. Korczak, Janusz: Tagebuch aus dem Warschauer Ghetto, S. 24/25

Zeichnungen: Frauke v. Lowtzow

Janusz Korczak
und seine Familie

Zeichnung: Frauke v. Lowtzow

Die Familie Goldszmit war eine gut bürgerliche, jüdische Familie. Sie war gut in die christlich polnische Gesellschaft integriert, hatte sich **assimiliert** und war **liberal** eingestellt. In diesen Kreisen achtete man auf Bildung, Kultur und gute Erziehung.
Janusz war ein Kind, das sich, wenn man seinen Tagebuchaufzeichnungen folgt, stundenlang allein beschäftigen konnte.
Mit sechs Jahren bekam er Bauklötze, mit denen er bis vierzehn spielte. Er baute damit Schlösser und Burgen, die ihm, einem starken und mächtigen König, gehörten. Von hier aus führte er Schlachten, in denen er für die Rechte der armen Kinder kämpfte.

Seine Eltern, besonders die Mutter, machten sich Sorgen um ihren Jungen. Er lebte, so glaubte sie, zu sehr in seinen Fantasiewelten und zeigte zu wenig Ehrgeiz.
„Dieser Junge hat keinen Ehrgeiz. Ihm ist egal, was er isst, wie er sich kleidet, ob er mit einem Kind aus seinen Kreisen spielt oder mit den Hausmeisterkindern. Er schämt sich nicht, mit Kleinen zu spielen. [...] Schämst du dich nicht? So ein großer Junge! Nimm dir doch was vor. - Lies! - Bauklötze - ausgerechnet... ."[1]

Nein, er schämte sich nicht. Er wusste genau, was er wollte: Als Mann würde er gegen Armut und Elend zu Felde ziehen und den Kindern helfen!
Der Vater, den er sehr liebte, war eine Respektsperson, die man mit solchen „Spinnereien" nicht belästigte.

1.) In: SW, Bd. 15, S. 364 f. . Entnommen: Beiner, Friedhelm: J.Korczak: Themen seines Lebens, S. 18

Er konnte sehr streng sein und oft zog er seinem Sohn die Ohren lang, dass es weh tat. Die Mutter machte sich schon Sorgen, der Junge könnte davon taub werden.

Doch der Vater machte auch lange Spaziergänge mit ihm und erklärte ihm das, was sie sahen und erlebten. Sie sprachen über die schwer arbeitenden Menschen und die Armut, die überall sichtbar wurde.

Die Mutter wollte, dass aus ihm ein erfolgreiches Mitglied der damaligen Gesellschaft wurde und dass er ein guter Schüler sein würde. Er sollte es zu Ansehen und Wohlstand bringen.

In seiner Großmutter fand er eine gute Zuhörerin und eine Erwachsene, die ihn ernst nahm und respektierte. Ihr erzählte er, dass er später die Welt verändern und verbessern würde. Er wollte gerechtere Gesetze schaffen, um die Ungerechtigkeit in der Welt zu beenden. Dann würde es keine verwahrlosten und hungernden Kinder mehr geben.

Und wenn alles, die Armut und die Ungerechtigkeit von Arm und Reich, vom Geld abhängig wäre, würde er das Geld eben abschaffen.

Die alte Dame nahm ihn ernst und sprach mit ihm über seine Ideen und Vorstellungen. „Großmutter setzte mir Rosinen in den Kopf und sagte: ‚Du kleiner Philosoph'".[2]

Auch wenn sich Janusz oft sehr nachdenklich und **introvertiert** zeigte, war er andererseits auch ein ganz normales, fröhliches Kind. Er tobte gerne herum, begeisterte sich an Schneeballschlachten, liebte Tiere und Pflanzen und langweilte sich, wenn die Besucher sich am Sonntagnachmittag zum „Salonaufenthalt" einfanden und er zu Hause sein musste.

Einmal nahm ihn der Vater ins Theater in eine Kinderaufführung mit. Der äußerst sensible Junge reagierte auf die Vorstellung, als sei das Geschehen vor ihm auf der Bühne Realität, als lebten die Gestalten und Figuren.

2.) In: Korczak, Janusz: Tagebuch aus dem Ghetto 1942, S. 24

Der grausame König Herodes und der Teufel erschreckten ihn zu Tode. *„Waren diese Gestalten vielleicht doch keine Puppen? Konnten sie ihn gefährden? Gab es die Hölle vielleicht wirklich?"*

Das empfindsame und ungewöhnlich fantasiebegabte Kind konnte Spiel und Realität nur schlecht voneinander trennen. Erlebnisse wie dieses Theaterspiel ließen ihn tagelang mit hohem Fieber im Bett liegen, weil er das Gesehene nur schwer verarbeiten konnte.

Ein anderes Ereignis, das Janusz Korczak prägte und das er nie vergaß, spielte sich auf einem der Höfe in der Altstadt ab.
Ein Puppenspieler gab eine Vorstellung und im Anschluss daran ging ein alter Mann mit einem Sammelbeutel durch die Reihen der Zuschauer, um Münzen für das Gebotene einzusammeln. Sein Vater hatte ihm mehrere silberne Kopeken gegeben, um den Darsteller zu entlohnen. Janusz warf die Münzen des Vaters und alles, was er selbst an Geld besaß, in den Beutel. Stolz und glücklich blickte er zu dem Mann auf. Doch der sagte nur immer wieder: **„Viel zu wenig, viel zu wenig, gib' mir mehr!"**

Für den Mann reichte das Geld nicht aus, um aus der Armut und der Bedürftigkeit herauszukommen, für den Jungen war es alles, was er geben konnte.

Noch in seinem Ghettotagebuch, das er mehr als 50 Jahre später verfasste, erinnerte der alte Korczak sich an dieses Erlebnis und wie sehr es ihn prägte.

Schon als Kind begriff er, dass alles Engagement, aller gute Wille nicht ausreichen würden, um die Armut und das Leid der Menschen aus der Welt zu schaffen.
Es gab einfach zu viele von ihnen und die Bedürftigkeit war auf allen Ebenen zu groß.
Es war wie bei den Spatzen, die er als Kind gefüttert hatte. Kaum hatte er die Brotkrümel auf die Straße gestreut, schon war alles weggepickt.

„Ich war damals fünf und das Problem beschämend schwer: Was tun, damit es keine schmutzigen, zerlumpten und hungrigen Kinder mehr gibt, mit denen ich nicht spielen darf, im Hof, wo unterm Kastanienbaum, in einer blechernen Bonbonbüchse, in Watte eingepackt, mein erster mir nahestehende und geliebter Toter beerdigt liegt, wenn auch nur ein Kanarienvogel."[1]

1.) In: Brief an Dan Golding: In: SW, Bd. 15, S. 31

Aufgabe 1: ⊙!★

Bitte lest und analysiert den Text von S. 16 und 17 im Hinblick auf die einzelnen Familienmitglieder. Wählt für jede der einzelnen Personen die Farbe eines Textmarkers und markiert die Textstellen, die etwas über die betreffenden Personen aussagen.
Behaltet die Farben bei späteren Markierungen bei.

Aufgabe 2: ⊙!★

a) Formuliere zunächst in Stichworten die Ansichten und Gefühle des Jungen als Mitglied der Familie Goldszmit.
b) Verfasse nun in Partnerarbeit einen Dialog zwischen Janusz und einem Freund, in dem J. K. mit ihm über seine Familie und deren Rolle in der Gesellschaft diskutiert. Schreibt in euer Zusatzheft.
c) Tragt den Dialog im Plenum vor.

Aufgabe 3: ⊙!★

Viele Menschen sehnen sich nach der „guten, alten Zeit" zurück, in der mehrere Generationen unter einem Dach lebten. Heute sucht man „Leihgroßeltern", Omas werden gesucht, die Kindern vorlesen oder auf diese aufpassen, wenn die Eltern arbeiten. Städte und Gemeinden planen „Mehrgenerationenhäuser".

a) Notiert in Gruppenarbeit Vor- und Nachteile, wenn Jung und Alt zusammen in einer Wohngemeinschaft leben.
b) Fasst diese Vor- und Nachteile in Thesen zusammen, die ihr im Plenum als Diskussionsgrundlage vortragt.

Janusz und die
armen Kinder von Warschau

Und immer wieder waren es die armen Menschen, besonders die Kinder, deren Schicksal den sensiblen, warmherzigen, mitleidigen Jungen bewegte. Ausgehungert und schlecht gekleidet liefen sie durch die Straßen oder saßen einfach auf den Gehsteigen.

Wenn er mit seinem Vater an der Weichsel entlang oder durch die Altstadt ging, trafen sie auf Menschen, die für wenig Lohn sehr hart arbeiten mussten , oder auf solche, die gar keine Arbeit hatten.

Viele arme Polen waren damals vom Land in die Stadt gezogen, weil sie hofften, hier Arbeit und Lohn zu finden. Es gab auch Arbeit in Warschau, doch es kamen viel zu viele Menschen in die Stadt. So viel Arbeit, die noch dazu entsprechend bezahlt werden konnte, gab es nicht. Die Arbeitgeber konnten die Löhne sehr niedrig halten, denn geringer Lohn war immer noch besser als gar keiner. Die Menschen brauchten Arbeit und akzeptierten dabei jede Bedingung.

Es gab aber auch viele, die keine Arbeit fanden. Sie lebten in größter Armut, in Schmutz und unzumutbaren Unterkünften.

So ging es den Menschen, die vor Armut und oft auch vor rassistischen Übergriffen geflohen waren, in der Stadt eher noch schlechter, denn sie hatten hier auch ihr vertrautes Umfeld verloren.

Im Krankheitsfall konnten sie auf keinerlei Hilfe hoffen.

Aufgabe 1: ⊙!★

Was hast du bisher über den jungen „Janusz" erfahren? Fasse dein Wissen und deine Eindrücke in deinem Zusatzheft zusammen und nimm Stellung zu dessen Verhalten.

Aufgabe 2: !★

*Die **Augustyn Szmurla Primary School** hat dich als Psychologen oder Psychologin beauftragt, ein Gutachten über Janusz Korczak zu erstellen. Die Lehrer der Grundschule wollen wissen, auf welchen Schülertyp sie sich bei dem Jungen einzustellen haben. Sie möchten etwas über seinen Charakter, seine Psyche, seine besonderen Verhaltensweisen und Eigenarten erfahren. Bitte schreibe dieses Gutachten in dein Zusatzheft!*

Aufgabe 3: ★

Auf dieser Seite wird die Flucht der armen Landbevölkerung in die große Stadt Warschau Anfang des 20. Jahrhunderts beschrieben. Kennst du eine vergleichbare Situation aus der deutschen Geschichte? Berichte im Plenum darüber.

Kinderarmut
auch im heutigen Deutschland?

„Rund 21 Prozent aller Kinder leben über mindestens fünf Jahre dauerhaft oder wiederkehrend in einer Armutslage." Das besagt eine Bertelsmannuntersuchung von 2017 (bertelsmann-stiftung.de).

Wer hätte das gedacht? In einem so reichen Land wie Deutschland!

Da gibt es Menschen, z. B. Personen aus sehr armen afrikanischen Ländern, die haben von einem Land gehört, in dem tatsächlich niemand hungern muss, jedes Kind zur Schule gehen kann, wo alle Menschen genug zum Anziehen und eine Bleibe haben!

Und jeder bekommt, wenn er krank ist, ärztliche Hilfe. So ein Land soll es wirklich geben und es soll „Deutschland" heißen.

Wenn man diese Aussagen hört, dann merkt man schon, dass „Armut" erst einmal definiert werden muss. Laut Bertelsmann-Stiftung gelten Haushalte und Personen, die mit weniger als 60 % des durchschnittlichen Haushaltsnettoeinkommens auskommen müssen oder staatliche Grundsicherung beziehen, als arm.

Besonders von Armut bedroht sind drei Gruppen: Kinder alleinerziehender Eltern, Kinder mit mindestens zwei Geschwistern und Kinder mit geringqualifizierten Eltern.

Aufgabe 1: ⊙!★

Was bedeutet „Armut" für die betroffenen Kinder? Interviewt eure Sitznachbarin oder euren Sitznachbarn. Einer von euch versetzt sich in die Lage eines von Armut betroffenen Jugendlichen. Wie macht sich gegenwärtig Armut im Alltag bemerkbar? Zählt auf!

Setzt vorher eine Interview-Zeit fest, z. B. drei Minuten. Dann tauscht ihr die Rollen. Vielleicht werden im Rollentausch noch neue Ideen erkennbar. Schreibt anschließend die gefundenen Fakten gut lesbar auf ein Plakatpapier und befestigt dies an der Tafel.

Aufgabe 2: ⊙!★

Diskutiert die Aussagen der Plakate im Plenum!

Aufgabe 3: ★

Was kann die Gesellschaft tun, damit Kinderarmut nicht weiter wächst bzw. die Armut verhindert werden kann? Wie kann man die „Folgen" wie z. B. geringere Bildungschancen „verhindern"?
Entwickelt Vorschläge in Kleingruppen und stellt sie im Plenum vor.

Aufgabe 4: !★

a) Nennt mindestens fünf Dinge, auf die Kinder verzichten müssen, wenn sie arm sind.

b) Erläutert die Folgen der Armut für diese Kinder und die Probleme, die daraus für sie und die Gesellschaft entstehen.

c) Sucht im Internet nach Fakten für die Zukunftschancen für Kinder aus unterschiedlichen Schichten und notiert eure Ergebnisse.

d) Beurteilt nun den Begriff „Chancengleichheit" in Deutschland im Plenum.

Aufgabe 5: ★

Deutschland gehört zu den reichen Ländern der Erde.

a) Beschreibt Merkmale von Kinderarmut in armen Ländern wie Liberia, Ruanda oder Äthiopien, indem ihr im Internet z. B. die Alphabetisierungsrate, Ausstattung der Schulen, medizinische Versorgung vergleicht.

b) Erläutert die Folgen dieser Armut für die wirtschaftliche Entwicklung dieses Landes.

c) Sucht nach Gründen für diese Armut, indem ihr die geschichtliche Entwicklung des Landes sowie seine Wirtschaftsbeziehungen zu Industrieländern wie Deutschland darstellt.

Zwei Interviews zur Kinder- und Jugendarmutarmut

Interview mit Mehrshad Mirzali, 17 Jahre alt, derzeit in der 10. Klasse, Flüchtling aus Afghanistan. Seit zwei Jahren in Deutschland, jetzt abgeschoben nach Schweden.

Afghanistan

Mehrshad, gab es in Afghanistan Kinderarmut? Wie sah die aus?

Mehrshad: „Oh, ja! Große Sorgen bei den Armen. Nicht genug zu essen, nicht in die Schule gehen können, nicht wirklich genug anzuziehen, keine Heizung. Die Gefühle werden verletzt. Man fühlt sich als Nichts, hat keine Zukunft und große Zukunftssorgen."

Gibt es deines Erachtens Kinderarmut in Deutschland?

Mehrshad: „Nein, (überlegt lange) vielleicht doch. Die Jugendlichen hier bekommen immer genug zu essen, aber vielleicht nicht das, was sie wollen. Und sie bekommen nicht alles, was sie haben wollen. Einen guten Fußball vielleicht. Das macht traurig. Man fühlt sich schwach. Man hat nicht so viel Hoffnung."

Interview mit Silke (Name geändert), 18 Jahre alt. (Oberstufenschülerin)
Silke, du sagst von dir, dass du auf jeden Fall zu den von Kinderarmut betroffenen Kindern gehört hast. Kannst du etwas über dich erzählen?

Silke: „Ja, genau. Wir hatten meistens wenig Geld in unserer Familie. Manchmal merkt man das als Kind gar nicht, aber dann doch. Kein Urlaub. Das macht schon neidisch. Keine neuen Klamotten. Nur Billigware. Da habe ich mich manchmal schon geschämt. Und das Essen! Ich bin etwas übergewichtig. Ich weiß noch, ich wollte so gerne, dass meine Mutter mir bei einer Diät hilft. Da hätten wir ganz anders kochen müssen. Die Sachen waren viel zu teuer. Es ist ja tatsächlich so, dass die ganzen Dickmacher am billigsten sind. Chips und Süßes sind

günstiger als Obst und Gemüse. Auf jeden Fall hat meine Mutter mir nicht geholfen. Und in der Schule wird dann von Bioerzeugnissen erzählt! Klar, will man das auch! Wie denn? „Viel zu teuer" war die Antwort zu Hause. Manchmal hat es am Ende des Monats nicht gereicht, dass ich Shampoo oder Deo hatte.
Bei Klassenfahrten gab es kein Taschengeld oder nur sehr wenig. Freundinnen habe ich bei deren Familien getroffen. Bloß nicht bei uns!
Mir hat auch zuhause keiner zugetraut, dass ich in die Oberstufe komme. Arm und geringere Bildung scheint irgendwie zusammenzugehören. So wie die schlechte Wohngegend und geringe Zukunftschancen."

Jugendliche im Jahre 2018 -
Armut auch unter uns?

Ich sitze im Erdkundeunterricht. Seit Wochen sprechen wir über das Thema „Armut". Mit der Stimme meines Lehrers im Ohr verliere ich mich in meinen Gedanken und beginne, meine Mitschüler und Mitschülerinnen zu beobachten.
Im Vergleich zu den Kindern und Jugendlichen, die ich auf den Bildern im Unterricht gesehen habe, sehen wir doch alle relativ wohlhabend aus. Was also macht es aus, als deutscher Jugendlicher „arm" zu sein? Ich schaue mich erneut um. **_Die Frage, wer wohl aus unseren Reihen unter der durchschnittlichen Armutsgrenze leben könnte, setzt sich in meinem Kopf fest._**

Ein Smartphone besitzt jeder von uns und einen Fernseher hat, soweit ich weiß, auch jeder zuhause. Keiner macht einen hungrigen, unterernährten oder verwahrlosten Eindruck. Heißt das folgerichtig, dass niemand von uns in „Armut" lebt? Jugendarmut existiert schließlich in Deutschland. Das ist Fakt. Nur gerade bei uns ist niemand davon betroffen? Rund 2,3 Millionen Kinder in Deutschland wachsen bei Alleinerziehenden auf. Fast die Hälfte dieser Kinder lebt von „Hartz IV" habe ich vor kurzem im Unterricht notiert. Ob evtl. auch Mitschüler meines Kurses davon betroffen sind? Bin ich zu unaufmerksam, zu gleichgültig dies zu bemerken?

Vielleicht versuchen die betroffenen Jugendlichen vor allem durch Artikel wie Handys oder schicke Klamotten, ihre Armut zu verstecken. Da Smartphones allerdings in der heutigen Zeit keine Luxusartikel mehr, sondern Teil des normalen Alltags geworden sind, scheint es nicht ungewöhnlich, dass auch Jugendliche, die aus einem ärmlichen Elternhaus stammen, eins besitzen.

Doch was ist mit der Mitschülerin, die erschreckt nach dem Preis eines gemeinsam geplanten Discobesuches fragte und dann zu Hause blieb? Acht Euro wurden verlangt. Ein anderer Mitschüler konnte die anstehende Stufenfahrt nicht finanzieren und wollte, nachdem wir ihm vorschlugen, sich damit an den Förderverein zu wenden, dies nicht tun, um „keine Umstände zu machen". So wichtig sei ihm die Fahrt auch wieder nicht. Es wirkte fast so, als würde er sich schämen. Schämen für einen finanziellen Status?

Mir wird langsam bewusst, dass es für meine Mitschüler oder Mitschülerinnen ein Problem ist, in einem reichen Land wie Deutschland zu den „Armen" zu zählen, denn damit gehört man zu einer Minderheit. Und mir wird klar: Wir müssen dringend damit aufhören, dieses existierende Problem zu ignorieren. Wir sollten aufmerksamer und sensibler sein oder werden, was unsere unmittelbaren Mitmenschen betrifft und behutsam und einfühlsam reagieren. Denn Armut unter Jugendlichen ist keine Sache von „Schuld" und deshalb muss man sich dessen auch nicht schämen. Vor allem aber ist es notwendig, dass wir, Betroffene wie Beobachter, lernen, über ein solches Thema offen zu reden. **Menschen aller Altersstufen leben hier, mitten unter uns, in Armut und leiden darunter. Niemals darf dies ein Grund sein, andere oder gar sich selbst zu isolieren.**

Ich schaue immer noch durch den Klassenraum, beobachte meine Mitschüler und frage mich, wie diese Person wohl lebt und wie viel Geld diesem Jugendlichen und seiner Familie wohl im Monat zur Verfügung steht. Man kann hier bei uns oft auf den ersten Blick kaum Merkmale von Armut erkennen, aber ein zweiter Blick wäre fair, wichtig und richtig.

Daphne Niemann (Schülerin)

Aufgabe 1: ◉!★

Notiert in eurem Zusatzheft die Hauptaussagen der Schülerin mit eigenen Worten. Vergleicht eure Ergebnisse anschließend und diskutiert deren Inhalte.
Muss in Deutschland wirklich jemand arm sein, wenn er arbeiten will und sich anstrengt?

Der Schüler Janusz

1884-1897
Augustyn Szmurla Primary School
Russian State Junior High School of Philology in Warsaw

J. Korczak mit 10 Jahren

"Überhaupt waren zu meiner Zeit die Schulen nicht gut. Streng ging es dort zu und langweilig. Nichts haben sie erlaubt. So fremd war es dort, kalt und stickig; wenn ich später davon träumte, wachte ich immer schweißgebadet auf und immer glücklich, weil es ein Traum war, nicht Wirklichkeit."[1]

Ein Ereignis, das er erleben musste, war für den Jungen besonders schlimm. Ein Klassenkamerad musste sich vor allen ausziehen und wurde dann vom Lehrer mit dem Stock geschlagen. Janusz war sich sicher: Er würde der Nächste sein. Die meisten Eltern akzeptierten diese Form der „Erziehung". Der Lehrer würde es schon richtig machen.

Die Schüler selbst hatten damals keinerlei Mitspracherechte und es wäre undenkbar gewesen, sich an irgendeiner Stelle zu beschweren. So etwas gab es nicht.

Dazu kam, dass die Kinder in der Schule Russisch sprechen mussten, weil Warschau damals zu Russland gehörte.

Trotz all dieser Schwierigkeiten war das siebte Lebensjahr für Janusz Korczak ein wichtiges.

An seine Schulzeit hatte der kleine Janusz keine guten Erinnerungen. Den Lehrern ging es vorrangig um den Unterrichtsstoff und um Disziplin. Das Wohlergehen und die Individualität des einzelnen Kindes stand nicht zur Debatte. Es wurde angesagt und abgefragt und wer den Stoff nicht beherrschte, wurde mit der „Rute" gezüchtigt. Dass man sich brav und angepasst zu benehmen hatte, war selbstverständlich. Es wurden Strafarbeiten verhängt, die Schüler mussten in der Bank oder in der Ecke stehen oder sie wurden zu „Karzerstrafen" in einem einzelnen Raum verdonnert.

Ein „Karzer" war eine Arrestzelle, ähnlich einer Gefängniszelle, in der die Kinder allein auf das Ende ihrer Strafe warten mussten; häufig den ganzen Tag.

„Wenn ich mein Leben zurückverfolge, dann gab mir das siebte Jahr das Gefühl für den eigenen Wert. Ich bin. Ich habe ein Gewicht. Eine Bedeutung. Man sieht mich. Ich kann. Ich werde."[2]

Zeichnung: Evelyn Uthmeier

1.) Korczak, Janusz: Wenn ich wieder klein bin, S.153. Entnommen: Beiner, Friedhelm: J. Korczak: Themen seines Lebens, S. 20
2.) ebenda, S. 19

Der Tod der Großmutter und des Vaters
und das Ende der Kindheit

Der Grabplatz existiert noch

Als Gymnasiast beginnt Janusz sein erstes Tagebuch zu führen. Unter dem Titel „Beichte eines Schmetterlings" wird er es als Erwachsener veröffentlichen.

„Von meinem 7. bis zu meinem 14. Lebensjahr war ich ständig verliebt, immer in ein anderes Mädchen. Es ist interessant, dass ich mich noch an viele erinnere. [...] Zoskia Kolhorn, Anieka, Irenka von Nateczówe und Stefcia, für die ich im „Sächsischen Garten" in der Nähe des Brunnens Blumen gepflückt habe"[1], schrieb er in sein Tagebuch.

Zwei schlimme Ereignisse fielen in die Zeit seines Gymnasialbesuchs. Zunächst starb die über alles geliebte Großmutter **1892** und dann erkrankte sein Vater.
Plötzlich war er nicht mehr zu Hause und keiner wollte ihm sagen, an welcher Krankheit er litt. Er lag in einem Spital, doch Janusz durfte ihn nicht besuchen. In seinem Elternhaus wurde unter den Bediensteten getuschelt und seine Mutter wirkte bleich und bedrückt. Wenn Janusz Fragen stellte, bekam er keine Antworten zur Lage des Vaters. Doch irgendwann erfuhr er, dass dieser in einer Nervenheilanstalt untergebracht war. Er galt als „verrückt" oder „wahnsinnig".

Als er noch einmal nach Hause kommen durfte, war er nicht mehr der ehemalige starke Mann, der Vorstand der Familie. Er brauchte Ruhe, durfte nicht gestört werden.

Anschließend wurde er erneut in das Spital eingeliefert, in dem er 1896 starb.

Sein Tod veränderte das Leben der Familie Goldszmits einschneidend. Der Krankenhausaufenthalt und auch schlechte finanzielle Geschäfte, die der Vater während seiner Krankheit getätigt hatte, verschlangen das vorhandene Vermögen. Die Mutter musste die Möbel und die wertvollen Gegenstände des Haushalts ins Pfandleihhaus tragen und sie mussten die schöne Wohnung verlassen.

Die Mutter bemühte sich um Arbeit und Janusz verdiente mit Nachhilfestunden und kleinen Aufsätzen in der Zeitschrift „Kolce" (der Stachel) Geld für den Lebensunterhalt der Familie.

„Ich war reich, als ich noch klein war, später war ich arm, ich kenne also das eine wie das andere. <u>Ich weiß, dass man so oder so anständig und gut, aber auch reich und sehr unglücklich sein kann.</u>"[2]

1.) In: Photobiographie Janusz Korczak, Maciej Sadowsky Association of Canada

2.) SW, Bd. 3, S. 323 Entnommen: Beiner, Friedhelm. J. Korczak: Themen seines Lebens, S. 25

Aufgabe 1: ⊙!★

Notiert in einer Tabelle wesentliche Faktoren, die zur Kindheit und zum Erwachsenwerden gehören. Schreibt in euer Zusatzheft.

Aufgabe 2: !★

Recherchiert im Internet, wann in den letzten beiden Jahrhunderten die Kindheit zu Ende war und wann heute.

Aufgabe 3: ★

Entwerft eine Zukunftsperspektive für einen Jugendlichen heute, wenn in der Familie jemand schwer erkrankt oder sogar stirbt.

„Die Welt zu reformieren heißt, die Erziehung zu reformieren." (J. Korczak)

Zeichnung: Frauke v. Lowtzow

Als sich das Ende seiner Gymnasialzeit näherte, wusste Janusz Korczak nicht so recht, wie sein Leben weitergehen sollte. Neben seinen Tagebuchaufzeichnungen („Beichte" eines Schmetterlings) schrieb er mehrere Artikel und Essays und fand Lob und Anerkennung dafür. Mit 14 Jahren äußerte er zum ersten Mal den Wunsch, einmal ein berühmter Schriftsteller zu werden und als er fünfzehn Jahre alt war, verfiel er einer wahnsinnigen Lesewut.

Er war, obwohl er noch sehr jung war, als Publizist bereits erfolgreich. Sollte er versuchen, damit seinen Lebensunterhalt zu verdienen? Als Schriftsteller würde er viele Menschen erreichen können. Geschichten könnten Menschen überzeugen und beeinflussen.

Nein! Dies war nicht sein Berufsziel. *„Die Literatur war ein Werkzeug des Wortes, die Medizin aber eines der Tat."*[1], äußerte er.

Und Korczak war immer ein Mann der Tat.

Also sollte er vielleicht Medizin studieren. Er gab, auch wegen der finanziellen Schwierigkeiten, in der die Familie steckte, weiterhin Nachhilfestunden und es machte ihm Spaß, den Mitschülern fachlich helfen zu können.

War das sein Weg? Sollte er Pädagoge und Schullehrer werden?

1.) SW, Bd. 3, S. 126 Entnommen: Beiner, Friedhelm. J. Korczak: Themen seines Lebens, S. 28

Sein vorrangiges Ziel war immer noch, die Welt zu verbessern und Armen zu helfen.
Doch zum Erreichen dieses Ziels musste als Erstes die Erziehung reformiert werden.
Wer eine bessere Welt herbeiwünscht, braucht Menschen, deren Verhalten nicht von Armut und Erniedrigung bestimmt wird, sondern von Menschen, die in der Gesellschaft für sich eine Chance sehen.
„In der Kindheit wird der Grundstein zur Entwicklung eines Menschen gelegt", war Korczaks feste Überzeugung. Kinder sollten also die Chance bekommen, unter menschenwürdigen Bedingungen heranzuwachsen und lernen zu können. **Kinder wollen lernen und forschen, ihr Wissen erweitern.** Die damaligen Schulen waren da *kontraproduktiv*. Hier ging es nicht um eine Erziehung zu frei denkenden, handelnden und selbstbewussten Menschen, sondern einzig um einen kognitiven Lernzuwachs des Kindes, mit welchen Mitteln auch immer. Vielleicht lag seine Zukunft im Studium der Pädagogik.

Aufgabe 1: ●!★

Zeichne oder gestalte eine Seite im Zusatzheft über dich und deine Traumberufe, als du jünger warst.

Aufgabe 2: ★

a) Lest den letzten Absatz erneut durch.
b) Legt eine Tabelle an über die Erziehungsziele der ersten Hälfte des 20. Jahrhunderts und heute.
c) Formuliere deine Meinung zu der Frage, ob Kinder von sich aus wissbegierig sind, lernen und sich entwickeln wollen.

Die Entscheidung:
Korczak wird Medizin studieren

Zeichnung: Frauke v. Lowtzow

Janusz hatte einen Freund, mit dem er häufig zusammensaß. Zu zweit entwickelten sie große, staatspolitische Reformen. Anstatt eine Armee zu finanzieren, sollte der Staat Werkstätten bauen, in denen die Menschen Arbeit fänden. Hier sollten nützliche Dinge für die Menschen hergestellt werden, sodass alle von der Arbeit profitieren könnten.

Den Armen sollte nicht, wie bisher, billiger Alkohol angeboten werden, sondern sie sollten Geld aus einer dafür vorgesehenen Kasse bekommen, um eine menschenwürdige Existenz gründen zu können.

Begabte junge Menschen sollten, auch wenn die Eltern arm wären, besonders gefördert werden und weiterführende Schulen besuchen dürfen.

Da war er wieder, sein Wunsch aus der Kindheit. Was sollte, was konnte er tun? Wie würde er sein selbst gestecktes Ziel erreichen?
Er war weder reich noch ein mächtiger, einflussreicher Politiker. **Sollte er Schriftsteller werden, Pädagoge, Soziologe oder Arzt?**

Neben den Überlegungen, was er einmal werden könnte, dachte der junge Mann aber auch über seine private Zukunft nach.

Er wollte heiraten, ein kleines Haus besitzen und Kinder großziehen. Auch seine Mutter sollte bei ihm ein Zuhause finden.

Doch er hatte Angst, die Krankheit seines Vaters geerbt zu haben. So beschloss er, allein zu bleiben und sich um die Menschen zu kümmern, die ihn brauchen würden.

Schließlich beschließt er, Medizin zu studieren. Er will Erzieher werden, ein guter und qualifizierter Pädagoge. Doch dazu, so meinte er, müsse man diagnostizieren können. Hier sollte die Medizin ihm eine gute Grundlage bieten.

Er wollte in der Lage sein, die individuellen Stärken und Schwächen eines Kindes erkennen und anschließend diesem entsprechend helfen zu können.

Er würde Arzt werden, um sein vorrangiges Ziel, das Elend der Menschen, vor allem das der Kinder, zu lindern.

Aufgabe 1: ⊙!★

*In welchem **Dilemma** steckte Janusz Korczak, als seine Schulzeit zu Ende ging?*

_____
_____
_____
_____

Aufgabe 2: !★

Kannst du dir vorstellen, einmal vor ähnlichen Problemen zu stehen, weil du unterschiedliche Interessen und Begabungen hast? Notiere diese in deinem Zusatzheft.

Formuliere dein Dilemma - wenn sich deine Interessen sehr unterscheiden, z. B. einen technischen oder einen sozialen Beruf erlernen zu wollen. Nutze zur Beantwortung dein Zusatzheft.

Studienzeit
1898 - 1905

> „Um Erzieher zu werden, muss man Diagnostiker sein."
> J. Korczak

Kaiserliche Universität Warschau Ende d. 19. Jahrhunderts

Zeichnung: Evelyn Uthmeier

Janusz Korczak schrieb sich als Medizinstudent in der unter russischer Verwaltung stehenden Universität in Warschau ein. Er sah in der Medizin eine direkte Verbindung zur Pädagogik.

„Das wichtigste in der Medizin ist die Diagnose [...]. Was Fieber, Husten, Erbrechen für den Arzt, das sind Lachen, Tränen, Erröten für den Erzieher. Es gibt kein Symptom ohne Bedeutung."[1]

Doch, wie es im geschichtlichen Teil beschrieben wird, bestimmte die Politik des Russischen Reiches das wissenschaftliche Leben.

Wie in den Schulen durfte in den Lehrveranstaltungen ausschließlich Russisch gesprochen werden und auch die Inhalte wurden vom Staat bestimmt. Kritisch denkende und unterrichtende Professoren verloren ihre Lehrberechtigung und Studenten, die sich den russischen Anordnungen nicht beugen wollten, wurden entlassen oder sogar inhaftiert.

Fachwissen, Lehr- und Lernqualität standen nicht im Vordergrund eines Erfolges, sondern Anpassung, Duckmäusertum und Gehorsam.

Intelligente und frei denkende Menschen wurden unterdrückt oder sogar bestraft, **Opportunisten** wurden belohnt und durften bleiben. Dies galt für die Professoren wie für die Studierenden.

Als Folge dieses Systems entstand die illegale **„Fliegende Universität"**.

Viele anerkannte, außergewöhnliche Professoren, freiheitliches Denken, viel Engagement und eine offene Atmosphäre bestimmten den Geist dieser Universität. Hier fanden z. B. auch Marie Curie und Janusz Korczak ihren Platz.

Die Vorlesungen fanden illegal in Privathäusern statt und die Beteiligten mussten mit Razzien und Verhaftungen rechnen.

(Vergl. diese Situation mit der der jüdischen Jugendlichen im Dritten Reich)

1.) vergl. Langhanky, Michael: 1994, S. 96, nach Korczak, 1919, entnommen: /www.grin.com/document/51276

Aufgabe 1: ★

„Fachwissen, Lehr- und Lernqualität standen nicht im Vordergrund eines Erfolges, sondern Anpassung, Duckmäusertum und Gehorsam." Dieser Satz bezieht sich auf die Zielsetzung eines erfolgreichen Schulbesuches zu Beginn des 20. Jahrhunderts. Überprüft, ob diese Aussage ausschließlich der Vergangenheit angehört.
Erörtert die Fragestellung in Partnerarbeit und nehmt im Plenum Stellung dazu.

Aufgabe 2: ⊙!★

Bitte findet euch in einer Gruppe zusammen. Nachdem ihr den Begriff „Opportunisten" geklärt habt, diskutiert, ob Schüler/innen, die ein „opportunistisches" Verhalten an den Tag legen, auch heute noch Erfolg haben. Findet man diesen Schülertyp überhaupt noch in unseren fortschrittlichen und freien Lehr- und Lernanstalten?
Findet anschließend einen interessanten und anschaulichen Weg, eure Gruppenergebnisse zu präsentieren. Vielleicht erstellt ihr ein Rollenspiel, die Verteidigungsrede eines Betroffenen oder eine Anklagerede gegen Opportunisten.

Studiumschwerpunkt:
Menschenkunde

> „Erziehe dich selbst,
> bevor du Kinder zu erziehen trachtest."
> J. Korczak

Korczak studiert Anatomie, Bakteriologie, Biologie und alles, was zu einem Medizinstudium gehört, aber er beschäftigt sich gleichzeitig mit den Inhalten der Soziologie und mit Statistik.

Was er hier lernte, würde er in seinem späteren Leben besonders gut gebrauchen können.

Während seines Studiums veröffentlichte er immer wieder Texte, die beweisen, dass er sein Lebensziel, „Die Sache des Kindes", nie aus den Augen verlor.

„Ich habe es gelobt und ich will dabei bleiben. Der Sache des Kindes bin ich verpflichtet." [1]

Seine Kritik richtete sich vor allem an die Schulen und die amtierenden Lehrer. Diese, so schrieb Korczak, würden den Jugendlichen vor allem „toten" Lernstoff vorsetzen und sich nicht für das **Kind als Menschen** interessieren.

Die Lehrer trügen nicht zur Entwicklung des Kindes bei, sondern würden dessen Persönlichkeit eher **deformieren**. Die Erwachsenen sollten nicht über die Kinder herrschen, sondern den Mut zu einer partnerschaftlich sozialen Erziehung haben. Die Kinder sollten wissen, dass der Erzieher ihnen helfen, sie stützen, nicht ihnen Angst machen und sie bedrohen will.

„Der frühere Despotismus hat sich in der Erziehung überlebt, die frühere Angst der Kinder vor ihren Eltern ist im Laufe der Zeit verschwunden - aber was soll an ihre Stelle treten? Liebe, Achtung und Vertrauen - [...] Ein Kind braucht vor allem Glück und die Wärme der Liebe. Gewährt ihm eine helle Kindheit und gebt ihm einen Vorrat an Lachen für das ganze lange und dornige Leben. Die Kinder sollen lachen, sie sollen fröhlich sein!" [2]

Vor allem ermahnte er die Erwachsenen, nicht den Fehler zu machen, die Kinder würden erst durch die Erziehung zum Menschen. Sie sind es bereits, seit sie geboren wurden.

Aufgabe 1: ⊙!★

Wählt ein Zitat oder eine wichtige Aussage über Korczak aus.

Aufgabe 2: !★

Versetzt euch in die Lage einer Lehrerin/eines Lehrers oder einer Professorin/eines Professors und beurteilt

a) ob diese Aussage heute noch aktuell ist,

b) ob Korczaks Ermahnungen heute noch nötig sind.

Wenn ja, ergänzt eure Ausführungen durch Beispiele, die ihr selbst erlebt habt!

Bereitet euch darauf vor, euren Mitschülern das betreffende Zitat samt eurer Überlegungen dazu vorzustellen und zu verdeutlichen.

1.) Korczak zit. n. Neverly 1972 XVII

2.) In: Beiner, Friedhelm. J. Korczak: Themen seines Lebens, S. 3

Soziales Engagement
während der Studienzeit

> „Der Weg, den ich zu meinem Ziel hin eingeschlagen habe, ist weder der kürzeste noch der bequemste; für mich jedoch ist er der beste, weil er mein eigener Weg ist."
> J. Korczak

Während seines Medizinstudiums verfasste Korczak seinen ersten Roman: *„Die Kinder der Straße"*.

Viele Inhalte dieses Buches entstanden aus den Eindrücken, die er während seiner Zeit als Student sammeln musste. Er versuchte auf diese Weise die täglichen Erfahrungen und Erlebnisse zu Papier zu bringen und zu verarbeiten.

Korczak war, der Beschreibung vieler Biografien nach, ein unverbesserlicher **Optimist**, der niemals aufgab. Doch das furchtbare Leid und Elend so vieler Menschen schien ihn erdrücken zu wollen.

Der Roman schildert die Härte und Grausamkeiten des Lebens, unter denen eine große Zahl seiner Zeitgenossen, vor allem auch die Kinder, in seiner Heimatstadt Warschau leiden mussten.

Ihr Leben, wenn man dies denn als solches bezeichnen will, war von nicht vorstellbarer Not, Verzweiflung und Erniedrigung gekennzeichnet.

Des Nachts schlugen Frust, Hoffnungslosigkeit und Verzweiflung in Gewalt um. Die Menschen gingen mit Fäusten aufeinander los und bestimmte Viertel der Altstadt Warschaus gehörten dann den Betrunkenen, Dieben, Zuhältern und Mördern. Nicht einmal die Polizei wagte sich dann dorthin. Sie war, obwohl sie für ihre brutalen Einsätze berüchtigt war, machtlos.

Janusz Korczak ging des Nachts durch die Straßen und Gassen, als sei er unantastbar, als könne ihm nichts geschehen.

Freunden gegenüber erklärte er auf die Frage, ob er denn nicht um sein Leben fürchte: „Aber was kann mir denn schon passieren, schließlich gehe ich ja nicht als Detektiv, sondern als **Freund** dorthin."[1] Und als der Begriff „Freund" hinterfragt wurde, antwortete er:

„Na ja .... wenn ich zwischen zwei Übeln zu wählen hätte, so würde ich hungrige Wölfe im dichten Wald den gemästeten Schweinen im Salon vorziehen"[2]

Zeichnung: E. Uthmeier

Auf seinen Streifzügen durch die Altstadt las er Kinder von der Straße auf, redete mit ihnen, hörte ihnen zu, tröstete sie oder brachte sie zu Stellen der städtischen Wohlfahrtsverbände.

Er tat, was er konnte, half, wo er konnte, und gab, was er hatte.

Im Dezember trat er als Nikolaus auf und verteilte kleine Geschenke.

Nie vorher war es ihm so klar gewesen: Er würde seinen Teil tun, um diesen Kindern eine Lebensperspektive zu geben.

Janusz Korczak

1.) SW, Bd. 15, S. 214. Entnommen: Beiner, Friedhelm: J. Korczak: Themen seines Lebens, S. 34
2.) ebenda

Im Salon

Zeichnung: Evelyn Uthmeier

Janusz will die Welt in seiner Heimatstadt von „ganz unten" her erkunden. Er will das Leben der Elenden kennenlernen, um deren Situation nachvollziehen und nachempfinden zu können.

„*Manchmal verschwindet Hendryk von der Universität [...] und dann erscheint Janusz in der Altstadt. In den dämmerigen, schmalen Straßen, in den blinden Sackgassen hallen seine Schritte dumpf auf dem ausgetretenen Pflaster, wenn er die Elendsbehausungen des Lumpenproletariats, die Zuhälterquartiere und die Diebeskneipen streift.*"[1]

„*Eines Nachts wollten sie (einige Messerstecher) sich hinter einer Kneipe um seinetwillen duellieren, aber Janusz redete auf sie ein, umarmte einen von den Schlägern und gab ihm einen Kuss auf seine versoffene Verbrechervisage, bis dieser wütend wurde und unter Fluchen sein Messer auf den Boden schleuderte.*"[2]

1.) In: Beiner, Friedhelm: J. Korczak: Themen seines Lebens, S. 54
2.) Licinski, Ludwik: Entnommen: ebenda

Zeichnung: Evelyn Uthmeier

Korczak - ein Träumer und Phantast?

Als Kind träumte Janusz davon, die Welt zu verbessern. Er wollte gegen Armut und Ungerechtigkeit zu Felde ziehen und dafür sorgen, dass Kinder mit Respekt behandelt werden.

Als Student hatte er immer noch die gleichen Ziele und wollte sie als Mann verwirklichen.

Er plante, Kindern einen guten Start ins Leben zu ermöglichen und sie aus ihrem Elend herauszuholen.

In einem Beitrag für eine polnische Zeitung mahnt Korczak, dass wir uns nur dann als eine **„menschliche Gesellschaft"** bezeichnen dürften, wenn alle Mitmenschen ein Dach über dem Kopf und die Möglichkeit und das Recht auf Bildung hätten. Noch sei jedoch der eine Teil der Mitbürger viel zu reich, der größere viel zu arm, als dass wir uns zu Recht als eine solche bezeichnen könnten.

Er prangert das starke Gefälle zwischen Arm und Reich in seiner Zeit an und bemängelt diesen Zustand in vielen Artikeln, **Anekdoten**, **Kurzgeschichten** und **Satiren**.

Korczak organisierte in Warschau Unterricht für die Kinder bedürftiger Familien und leitete eine Bücherei in der Altstadt Warschaus, zu der alle Zutritt hatten und in der die Ausleihe kostenlos war.

Neben dem bereits erwähnten Roman „Kinder der Straße" verfasste er einen zweiten, ein Gegenstück, in dem es um die **Dekadenz** der wohlhabenden Gesellschaftsschicht geht: „Das Kind des Salons".

Janusz Korczak zog des Nachts allein durch die Altstadt Warschaus, um Menschen zu helfen und sie zu trösten. Er begab sich dabei in Lebensgefahr und konnte doch die große Armut nicht verhindern oder gar das Elend beseitigen. Er verdiente zwar durch seine Publikationen ein wenig Geld, doch er musste damit auch sein Studium finanzieren. Er fand Verbündete und Unterstützer, doch letztlich waren alle Einsätze doch nur ein Tropfen auf den heißen Stein.

Aufgabe 1: ⊙!★

Korczak versuchte, mit seinen Möglichkeiten den Menschen in seiner Heimatstadt zu helfen. Klar war, dass er damit die Not und das Elend der Menschheit insgesamt nur sehr wenig beeinflussen konnte. Machte sein Handeln da überhaupt einen Sinn?

Auch gegenwärtig leiden viele Menschen unter Hunger, Not, Elend und Krankheiten. Einige unter uns versuchen, engagiert in einzelnen Bereichen zu helfen und versuchen, Notlagen zu lindern.

Macht es Sinn, sich für Menschen, für unsere Natur und Umwelt zu engagieren? *Wir können doch, genau wie Korczak damals, nur so wenig erreichen! Das Geld, das notwendig wäre, eine gerechtere Gesellschaft zu formen, liegt bei den Staaten und ihren Banken. Bitte versuche, diese Frage ganz persönlich mit entsprechenden Argumenten in deinem Zusatzheft abzuwägen und zu beantworten!*

Aufgabe 2: ⊙!★

Dürfen wir uns aktuell zu Recht als „menschliche Gesellschaft" bezeichnen? Diskutiert im Plenum!

Soziales Engagement –
nur ein Egotrip?

Als kleines Kind war es für mich immer selbstverständlich, dass meine Eltern Zeit, Mühe und Geld investierten, um bedürftigen Menschen zu helfen.

Genauso selbstverständlich war für mich der Gedanke, dass ich es selber genauso tun würde wie sie, wenn ich groß sein würde.

Doch, umso älter ich wurde, fiel mir zunehmend auf, dass dieses Engagement nicht überall in unserer Gesellschaft so selbstverständlich ist, wie ich es kannte.

Ich habe mich immer häufiger gefragt, ob sich diese ganze Mühe denn überhaupt lohnt und vor allem, was meine Eltern davon haben, sich für behinderte und sozial benachteiligte Kinder **in Rumänien** zu engagieren.

Zu dieser Zeit wusste ich zwar schon ein wenig über die Umstände dort Bescheid, es fiel mir jedoch schwer, mich in die Situation der Menschen, die dort lebten, zu versetzen.

Mit 14 Jahren bekam ich im Sommer 2013, gemeinsam mit drei Freundinnen, die Möglichkeit, selbst in einem Projekt des Vereins „agape e.V." ehrenamtlich mitzuarbeiten.

Das Projekt bestand darin, das Außengelände eines Kinderdorfes, welches ebenso durch den Verein entstanden ist, naturnah und behindertengerecht zu gestalten. Für uns bedeutete dies, zwei Wochen unserer Sommerferien dafür zu investieren, handwerklich aktiv zu werden. Das war die Alternative zu „Sommerferien am Strand", zum Sonnen und Entspannen pur.

Das mag sich jetzt vielleicht beklagenswert anhören, aber wir freuten uns sehr darauf, neue Erfahrungen zu sammeln und neue Menschen kennenzulernen.

Die Gruppe der Helferinnen und Helfer bestand aus vielen verschiedenen Menschen, die zwischen 10 und 65 Jahren alt waren. Es gab eine abwechslungsreiche Auswahl an Arbeitsbereichen, in denen man sowohl kreativ werden, als auch sein handwerkliches Geschick einbringen konnte. So konnte sich jeder mit seinen Stärken einbringen und es wurde eine lockere Arbeitsatmosphäre geschaffen, in der es wirklich Spaß gemacht hat zu arbeiten.

Natürlich war die Arbeit, unter anderem durch die klimatischen Bedingungen, vor allem körperlich sehr anstrengend und es war für mich jeden Morgen eine große Herausforderung, mich um 5:30 Uhr aus dem Bett zu raffen.

Doch die Reaktionen der Kinder, die in dem Heim leben, haben mich immer wieder motiviert und mir gezeigt, wie lohnenswert meine ehrenamtliche Hilfe war.

Nach den zwei Wochen, als wir das Projekt abgeschlossen hatten, war es für mich überwältigend zu sehen, was wir in dieser kurzen Zeit aus dem ehemals öden Gelände gemacht hatten. Alle Helferinnen und Helfer waren ganz „einfache" Menschen ohne spezielle Ausbildung im handwerklichen Bereich.

Die Welt ein kleines bisschen besser machen

Trotzdem war es uns gelungen, eine neue, ansprechende räumliche Atmosphäre für die jungen Bewohnerinnen und Bewohner zu schaffen.

Es entstanden eine Menge Freundschaften, die teilweise noch bis heute Bestand haben. Außerdem merke ich immer wieder, dass ich von einigen Erfahrungen, die ich dort gemacht habe, bis heute profitiere. Aber vor allem die Freude der Kinder über das, was wir für sie erbaut hatten, erfüllt mich bis heute mit tiefster Zufriedenheit und Glück.

Auch wenn ich zuvor skeptisch war und keine klare Vorstellung davon hatte, was meine Arbeit überhaupt bringen würde, blicke ich auf diese Zeit mit Staunen und auch ein wenig Stolz zurück.

Durch das Projekt ist mir bewusst geworden, wie wertvoll und wichtig dieses ehrenamtliche Engagement ist und wie viel Spaß es mir gleichzeitig macht, anderen Menschen eine Freude zu bereiten und ihnen in ihrer Situation zu helfen. Seitdem lasse ich mir kaum eine Möglichkeit entgehen, mich ehrenamtlich für das Wohl anderer einzubringen.

Trotzdem muss die Frage gestellt werden: Lohnt sich solch ein Einsatz wirklich oder dient er nur dem Selbstzweck? Ich arbeite ein paar Wochen und habe anschließend ein gutes Gewissen.

Rumänien ist arm, voll von bedürftigen, hilfesuchenden Menschen. Ist solch ein Engagement nicht nur **ein ganz kleiner Tropfen auf einen viel zu heißen Stein?** Von außen gesehen und aus der Ferne betrachtet mag das so aussehen. Wenn ihr aber die Kinder des Dorfes fragen würdet, sähe die Antwort ganz anders aus. Für sie ist das Ergebnis unserer Arbeit wunderbar, sie sind begeistert und voller Dankbarkeit für die große Verbesserung ihrer Lebensqualität.

Und wenn ihr uns, die Projektteilnehmer fragen würdet, lautete die Antwort eindeutig:

„**Es war eine großartige Sache. Sie hat den Menschen vor Ort unglaublich viel gebracht und - das ist das Tolle - uns auch!**"

Wenn ich gefragt würde, ob sich soziales Engagement überhaupt lohnt, kann ich nur sagen: „Es lohnt sich auf jeden Fall."

Ich stelle mir gerade vor, jeder von uns würde nur ein bisschen daran mitarbeiten, die Welt ein klein bisschen zu verbessern, sähe sie anders aus.

Bedarf gibt es genug, weiter weg und ganz in der Nähe. Theoretisch gibt es meiner Meinung nach auch ausreichend Potential, um diesen Bedarf auszugleichen. Dazu ist es jedoch notwendig, dass wir unsere Komfortzone verlassen und uns der Herausforderung stellen.

Jule Grimm (Schülerin)

Aufgabe 1: ⊙!★

*Legt ein Seil z. B. auf den Schulflur und markiert es in der Mitte. (Dies ist der „Keine Meinung"-Punkt.) Auf dem einen Ende liegt ein großes Plus-, auf dem anderen ein großes Minuszeichen. Positioniert euch, je nach Einstellung, zu der Frage, ob man sich derzeitig sozial engagieren **sollte** oder eher nicht. Ganz außen steht ihr, wenn ihr der Frage stark zusprecht oder sie entschieden ablehnt, und je mehr ihr euch in Richtung Mitte bewegt, umso schwächer wird eure Pro- oder Contraeinstellung.*

Aufgabe 2: ⊙!★

Bewegt euch anschließend gemeinsam in der Gruppe (vielleicht nach Musik). Auf ein Zeichen der Lehrerin oder des Lehrers (Musik aus) haltet an, wendet euch der oder dem zu, der euch am nächsten ist und tauscht euren Standpunkt im Hinblick auf die o. g. Frage einschließlich Begründung aus. Bei Wiedereinsetzen der Musik setzt den Rundgang fort!

Aufgabe 3: ⊙!★

Berichtet im Plenum über soziale Projekte, an denen Jugendliche oder auch Erwachsene teilnehmen können und die ihr für gut und wichtig haltet.

Engagement heute
Selbstlosigkeit oder Selbstverwirklichung?

> „Ich bin ein Schmetterling, trunken vor Leben.
> Ich weiß nicht, wohin ich fliege,
> aber ich werde dem Leben nicht erlauben, meine
> farbenprächtigen Flügel
> zu stutzen."
> — J. Korczak

Viele ehrenamtlich Tätige würden diese Frage bejahen und zu dem wunderschönen Zitat von Korczak sagen, dass auch **sie sich nicht die Flügel stutzen lassen würden**.

2017 waren laut Statistik (Statistisches Portal, statista.com) über 14 Millionen Menschen in Deutschland ehrenamtlich tätig. Das bedeutet ein hohes Maß an Engagement, Zeitaufwand und Verantwortung.

„Lohnt" sich so etwas? Warum machen Menschen das? Eine Frage, die sich auch Korczak selbst immer wieder stellte. Gilt mein Engagement wirklich den anderen oder ist es vielmehr eine Art Selbstbefriedigung? Macht es vor allem uns selbst glücklich und zufrieden?

Kann man sagen, dass diese Menschen, die sich für andere einsetzen, besonders gute Menschen sind oder machen sie das auch, oder vielleicht sogar vorrangig, für sich selbst?

Drei SchülerInnen sollen hier zu Wort kommen, die sich ehrenamtlich engagieren. Die Namen sind geändert.

Julia, 16 Jahre

Ich arbeite ehrenamtlich im „Eine Welt Laden". Die Arbeit macht mir Spaß und ich tue gleichzeitig etwas für andere und für die Welt, in der ich lebe. Wir verkaufen gute Produkte. Waren aus recycelten Materialien, Kunsthandwerk, „Fair Trade" gehandelte Produkte und noch andere Sachen. Schade, dass wir nicht mehr Zeit haben. Die langen Tage in der Schule,

Johannes, 15 Jahre

Ich trainiere in meiner Freizeit Kinder im Schwimmverein. Das hat mein Vater schon gemacht.
Ich mache das auch gerne. Ich sehe meine Erfolge. Ich bin streng - aber soo streng auch wieder nicht. Die Kinder mögen mich, glaube ich. Aber es ist nicht nur das Schwimmen. Ich mag die Gemeinschaft. Im Sommer fahren wir an einem langen Wochenende weg (*lacht*) - wie die Pfadfinder! Ach, es lohnt sich einfach.

Noel, fast 16 Jahre

Ich bin bei der „Freiwilligen Feuerwehr". Ist doch sinnvoll. Mit 12 Jahren bin ich über einen Freund dahin gekommen. Ja (*strahlt*), mittlerweile bin ich auch noch beim „Roten Kreuz". Warum? Weil ich die Kameradschaft mag, das Arbeiten im Team. Mit 16 darf ich mit zu realen Einsätzen. Und für mich steht fest, daraus ist ein Berufswunsch geworden. Ich werde zur Berufsfeuerwehr gehen. Ah ja, und noch was. Ich glaube schon, dass ich jetzt schon Freunde fürs Leben gefunden habe.

Aufgabe 1: ⊙!★

Welche Motivation steckt hinter dem Ehrenamt? Was bekommen die ehrenamtlich tätigen Menschen für ihre Arbeit? Lohnt sich das? Lohnt sich solch ein Engagement für andere oder nur für einen selbst? Diskutiert im Plenum!

Aufgabe 2: ⊙!★

Nehmt anschließend in der Gruppe Stellung zu folgenden Thesen und dokumentiert eure Ergebnisse in Stichpunkten auf einem Plakat.
- *Durch die langen Schultage und den Leistungsdruck ist das Ehrenamt durch Jugendliche gefährdet.*
- *Würde es nicht so viele Ehrenamtliche geben, hätten wir mehr Arbeitsplätze und freie Stellen.*
- *Je weniger Ehrenamt, desto egoistischer ist die Gesellschaft.*
- *Es sollte Pflicht sein, dass jeder Mensch mindestens ein Jahr ehrenamtlich tätig ist.*
- *Bitte diskutiert die Gruppenergebnisse im Plenum!*

Aufgabe 3: ★

Wäre es ein Problem, wenn der Antrieb, mich für andere Menschen einzusetzen, auch egoistischen Motiven entspringen würde? Bitte schreibe deine Einstellung dazu in dein Zusatzheft.

Janusz Korczak -
ein vielseitig interessierter Student

Neben seinen medizinischen Studien beschäftigte Korczak sich verstärkt mit Themen der Pädagogik und Sozialforschung.

In seinen Semesterferien reiste er in die Schweiz, um dort von dem berühmten *Reformpädagogen* **Pestalozzi** lernen zu können.

Am Ende seines Studiums fuhr er nach Deutschland. Er studierte die pädagogischen Reformansätze von **Friedrich Fröbel**, J. Heinrich Pestalozzi, **Maria Montessori** und **Anton Makarenko**.

Janusz Korczak war stark beeindruckt von den erzieherischen Reformen, die diese weltberühmten Pädagogen anboten. Er besuchte Waisenhäuser und Besserungsanstalten. So entstand ein Vorentwurf für die Waisenhäuser, die er in seiner Heimatstadt gründen würde. Er hospitierte in der psychiatrischen Abteilung an der bekannten Berliner Klinik „Charité".

Später besuchte er zu Studienzwecken Paris und London.

Die auf seinen Reisen gesammelten Erfahrungen und Eindrücke nahm er mit nach Hause, um sie zukünftig in seiner Heimatstadt zum Wohle der Kinder nutzen zu können.

Zurück in Polen begleitete der Student in den Semesterferien eine Freizeit in einer sog. **„Sommerkolonie"**.

Zeichnung: Frauke v. Lowtzow

Hier durften besonders hilfsbedürftige, arme Kinder ihre Ferien verbringen. Anstelle der dunklen Fabrikschlote, schmutzigen Keller und Hinterhöfe erlebten sie zum ersten Mal Sonne, Wald und Wiesen - und **einen Regenbogen**! Für kurze Zeit konnten sie Kind sein!

Die Erfahrungen, die Janusz Korczak hier machte, würden die spätere Einrichtung seiner Sommerkolonien prägen.

Aufgabe 1: ⊙!★

Muss einer von euch vielleicht seine Noten noch etwas aufbessern? Hier gibt's eine gute Gelegenheit daran zu arbeiten.

Verfasst ein Kurzreferat zu einem der Reformpädagogen:

F. Fröbel, H. J. Pestalozzi, Maria Montessori oder zu A. Makarenko!

Aufgabe 2: ∞

Entscheidet euch für einen der vier Reformpädagogen. Tut euch dann, eurer Wahl entprechend, in vier Gruppen zusammen. Recherchiert euren Kandidaten und bereitet euch darauf vor, die Mitglieder der anderen Gruppen davon zu überzeugen, warum gerade der von euch Gewählte der wichtigste, interessanteste oder bedeutendste Pädagoge seiner Zeit war. Fertigt dazu eine Collage an oder versucht anderweitig kreativ zu arbeiten! Stellt anschließend eure Gruppenarbeit dem Plenum vor.

Janusz Korczak im Kriegseinsatz

1904 musste Korczak in den Russisch-Japanischen Krieg ziehen. Als Militärarzt versorgte er Verwundete in den Lazaretten und Verwundetenzügen.

Über Kirgisien kam er während dieses Krieges bis in die Mandschurei. Der junge Mann wurde mit großem Leid und Elend konfrontiert und für die armen Bauern, die in diesem Krieg verheizt wurden, hatte er so gut wie keine Medikamente, um sie verarzten oder betäuben zu können. Janusz Korczak musste noch in zwei weiteren Kriegen als Arzt dienen und dort furchtbare Eindrücke und Erlebnisse verkraften. Doch immer sind seine Gedanken auch bei den Kindern. Er schreibt:

„Man hatte gedacht, nach diesem Krieg wird kein erwachsener Mensch mehr den Mut haben, ein Kind deshalb zu schlagen, weil es eine Scheibe einschlug oder die erhabene Atmosphäre des Schulunterrichts störte. Man hatte angenommen, dass wir mit hängenden Köpfen und gesenkten Augen an den Kindern vorbeigehen würden, wir, die wir verantwortlich waren für den entfachten Wahnsinn des Krieges. [...] Aber die Erwachsenen sind nach dem Krieg wie sie vorher waren: selbstgefällig und brutal gegenüber denen, die schwächer sind und ihnen hilflos ausgeliefert - den Kindern".[1]

Auch heute müssen viele Kinder die Schrecken eines Krieges erleben und erleiden. Die Kinderrechtsorganisation „Save the Children" hat eine neue Studie veröffentlicht: Darin steht, „dass jedes sechste Kind weltweit in einem Konfliktgebiet lebt - das sind viel mehr als noch vor 20 Jahren."[2] Der Bericht sagt weiterhin, dass die Zahl der bei Konflikten getöteten oder verletzten Kinder seit 2010 um 300 Prozent gestiegen ist.

1.) In: Pelz, Monika. Nicht mich will ich retten, S. 54
2.) www.zdf.de/kinder/logo/kinder-in-kriegsgebieten-106.html

Aufgabe 1: ⊙!★

Kinder waren früher und sind heute unschuldig an kriegerischen Auseinandersetzungen. Artikel 38 der UN-Kinderrechtskonvention bekräftigt Garantien, die das Kind im Falle kriegerischer Auseinandersetzungen schützen sollen. Die Länder sind aufgefordert, Kinder aus den Konflikten herauszuhalten und nicht in Gefahr zu bringen.

Halten die kriegsführenden Staaten sich daran? Wie sieht die Realität aus?

Bitte recherchiert diese Frage in Partner- oder Gruppenarbeit und erstellt eine Collage, die einen Einblick in das Leben der Kinder im Krieg gibt. Präsentiert eure Arbeit mit entsprechenden Hintergrundinformationen!

Janusz Korczak -
als junger Arzt in Warschau

Zurück in Warschau erhielt Janusz Korczak am **25. März 1905** sein Diplom als Arzt. Im Berson-Bauman-Spital, einem kleinen jüdischen Krankenhaus in seiner Heimatstadt, erhielt er eine feste Anstellung als Stationsarzt. Er bekam eine freie Wohnung und 200 Rubel im Jahr an Gehalt.

Er versorgte vor allem Kinder aus den Elendsvierteln der Stadt, die sich in einem katastrophalen gesundheitlichen Zustand befanden.

Als jüdischer Arzt machte er sich nicht viel Hoffnung, in der Warschauer Gesellschaft Akzeptanz zu finden. Christliche Polen gingen zu keinem jüdischen Arzt!

Doch es kam anders. Er wurde so etwas wie ein „Modearzt" in der Stadt, obwohl dies ganz sicherlich nicht sein Ziel gewesen war.

Besonders bei den Frauen galt es als chic, Dr. Korczak zu konsultieren, wenn ihr Kind an „Verdauungsstörungen" litt.

Janusz Korczak hatte es geschafft. Er hatte eine Wohnung, ein gutes, festes Einkommen und war anerkannt.

Er war ein Arzt, der gut zuhören und charmant plaudern konnte und man erlebte ihn als einen Lebensberater, der mehr konnte als nur Pillen zu verschreiben.

„Herr Dr., die Gräfin Tarnowska bittet Sie ans Telefon. - Der Staatsanwalt der Gerichtskammer... - Die Frau des Direktors Tygalo ... - Der Herr Rechtsanwalt Makowsk ... "[1]

Für sie war Dr. Goldszmit der bekannte Dichter, der sich Janusz Korczak nannte.

Korczak galt aber auch als schwierig. Seine Klienten, besonders die wohlhabenden, erlebten häufig einen Mann, der kein Blatt vor den Mund nahm, wenn er etwas kritisch sah.

„Madame, wenn Ihr Kind Tee brauchte, dann hätte der liebe Gott Ihnen in die eine Brust Milch und in die andere Brust Tee gegeben"[2]

Problematisch war auch, wie er seine Arztbesuche abrechnete.

Zeichnung: Evelyn Uthmeier

Er tat dies sehr **unkonventionell**. Am Tag besuchte er die reichen Familien seiner Heimatstadt und ließ sich dafür sehr gut bezahlen. Für das eingenommene Geld kaufte er dann Medikamente, die er während der nächtlichen **Konsultationen** bei den armen Menschen verteilte.

In den Armenvierteln der Stadt *„waren meine Hausbesuche für einen halben Rubel, hauptsächlich nachts. Für die Konsultationen am Tage bei den Reichen in den reichen Straßen ließ ich mir bis zu drei und fünf Rubel zahlen. Eine Dreistigkeit ..."* [3]

1.) In: Monika Pelz. Nicht mich will ich retten, S. 34
2.) ebenda
3.) In: Friedhelm Beiner. J. Korczak: Themen seines Lebens, S. 56

Aufgabe 1: ⊙!★

Arbeitet aus dem Text heraus, wie die Besuche Korczaks bei den Armen und wie bei den Reichen abliefen. Problematisiert dabei seine Handlungsweisen.

Dann bereitet ein Rollenspiel vor!

Entweder *ihr spielt eine Szene in einem der Armenhäuser der Stadt Warschau* **oder** *eine in einem der Häuser der Reichen (informiert euch dazu auch im geschichtlichen Teil am Ende des Heftes).*

Entwickelt Dialoge, die die unterschiedlichen gesellschaftlichen Bevölkerungsgruppen veranschaulichen und die die Einstellung Korczaks den einzelnen Schichten gegenüber deutlich machen.

Neben seinen ärztlichen Verpflichtungen für das Krankenhaus kümmerte Korczak sich auch weiterhin um die häuslichen Verhältnisse der Kinder und um deren Erziehung und Bildung.

Wenn er spät am Abend nach Hause kam, schrieb er an seinen Büchern und Artikeln, in denen es vor allem um soziale Ungleichheit und Ungerechtigkeit ging. Er verfasste wütende und böse Zeitungsberichte, die die beschämende Situation beleuchteten, in der ein Teil der Bewohner seiner Stadt leben musste.

Oft ging es in seinen Publikationen aber auch um Fragen der Erziehung und um mögliche Unterkünfte für arme Kinder.

In seinen zeitkritischen Artikeln prangerte er den Zustand der kapitalistischen Gesellschaft in Warschau an. Immer wieder beschrieb er die katastrophalen Wohn- und Lebensverhältnisse der Mehrheit der Bevölkerung. Er unterstützte die „Freiheitsbewegung" in seiner Heimatstadt, die sich für das **Proletariat** stark machte und sich gegen die Vorherrschaft der Russen in seinem Vaterland wandte.

Die Reichen hatten Zugang zu Ärzten, schnellen Arztterminen und Medikamenten, während die Armen sich nichts von alledem leisten konnten.

Die Diskrepanz von Arm und Reich machte ihn wütend und oft reagierte er, besonders in den Häusern der Reichen, unbeherrscht, häufig sogar unverschämt.

Zeichnung: Frauke v. Lowtzow

Seine Beliebtheit in diesen Kreisen ließ daher mit der Zeit deutlich nach.

Auch das Schulsystem in seinem Heimatland wurde von ihm in seinen Artikeln, Radioansprachen und Büchern heftig kritisiert.

Zum Thema Schule schrieb Korczak: *„Es ist wohl für niemanden mehr ein Geheimnis, dass die Schule der Gegenwart eine durch und durch nationalistisch-kapitalistische Institution ist, dass ihre vornehmste Verpflichtung ist, [...] chauvinistische Patrioten zu erziehen [...] durch die Schule sollte all das vermittelt werden, was das Leben bereithält, durch sie sollten die Schüler lernen, lautstark für die Menschenrechte einzutreten, mutig und rücksichtslos anzuprangern, was verderbt ist."*[1]

1.) SW, Bd. 9, S. 160ff. Entnommen: Beiner, Friedhelm: J. Korczak: Themen seines Lebens, S. 43

Aufgabe 1: ⊙!★

Die Artikel und Schriften Korczaks zum Thema Schule und Erziehung, die erhalten geblieben sind, zeugen von großer Leidenschaft, Empörung und einem unbedingten Willen, die Situation der Kinder und Jugendlichen zu verändern.

Wie kam es, dass J. Korczak mit so viel Einsatz und Überzeugungskraft sich dieses Themas annahm? Bitte informiert euch in Gruppen- oder Partnerarbeit mit Hilfe unterschiedlicher Quellen, wie Kinder damals erzogen und behandelt wurden. Wie sah der Unterricht Anfang des 19. Jh. nicht nur in Polen, sondern auch in anderen europäischen Ländern aus?

Stellt die Ergebnisse eurer Nachforschungen im Plenum vor!

Aufgabe 2: ⊙!★

Übt mit Hilfe der Ergebnisse eurer Recherchen eine szenische Darstellung ein. Thema: Korczak kritisiert in einem Lehrerkollegium eines Warschauer Gymnasiums die damalige Schulwirklichkeit und Pädagogik.

Die einzelnen Lehrer seiner Generation reagieren auf seinen Vortrag.

Korczaks Forderung -
eine „Charta der Menschenrechte" für Kinder

Erstmalig in der Geschichte der Pädagogik forderte Korczak **eine „Charta der Menschenrechte für Kinder"**.

Im Gegensatz zu anderen Reformpädagogen ging Korczak davon aus, dass für die Entwicklung eines jungen Menschen die **sozialen Interaktionen** von allergrößter Bedeutung seien. Hierauf musste also in der Erziehung ein hoher Wert gelegt werden. Die Kinder sollten ihre Welt selbst erfahren, ihre Fehler machen, daraus lernen und Verantwortung für sich und andere übernehmen. Um als Staatsbürger ihre Rechte und Pflichten wahrnehmen zu können, mussten sie diese kennenlernen. Und sie mussten erst einmal Rechte haben!

„Jedes Kind ist ein einzigartiger Mensch und hat ein Recht auf Achtung und Respekt.
Das Kind hat das Recht, ernst genommen, nach seiner Meinung und seinem Einverständnis gefragt zu werden."[1]

Janusz Korczak lebte in einer Zeit, in der dieser Satz keineswegs als eine Selbstverständlichkeit galt - im Gegenteil. Kinder waren rechtlos, mussten gehorchen und konnten in jeder Weise ausgebeutet werden. Der Arzt und Pädagoge setzte dagegen: **Ein Kind hat Rechte.**

Während eines Gesprächs mit einem Juristen äußerte Korczak seine tiefe Trauer um die Menschen, die 1905 im Zuge der großen Demonstrationen der Arbeiterbewegung in Warschau ums Leben kamen oder verletzt worden waren. Auch viele Kinder waren darunter. *„Warschau tue nichts für ein Drittel seiner Bevölkerung"*, gab er zu bedenken. Sein Freund wollte wissen, wie er auf diese Zahl gekommen sei und Korczak erklärte, dass er damit die Kinder gemeint habe.

„Ich wusste nicht, dass Kinder auch zur Bevölkerung zählen"[2], gab der Jurist erstaunt zurück.

Die Einstellung Korczaks war eindeutig: **„Kinder werden nicht erst zu Menschen - sie sind bereits welche. Sie sind auch nicht dümmer als Erwachsene, sie haben nur weniger Erfahrung."**[3]
Dabei sollte die Zeit der Entwicklung, die das einzelne Kind macht, nicht mit der „Messlatte" vollzogen werden, ihre Einschätzung und Bewertung nicht von einer sog. Normalentwicklung abhängig sein. Jeder junge Mensch habe sein individuelles Tempo.

„Wann sollte ein Kind zu sprechen und zu laufen anfangen? Wenn es so weit ist. Wann sollten die ersten Zähne kommen? Wenn sie soweit sind. Wie lange sollte ein Baby schlafen? Bis es wach wird."[4]

1.) https://beruhmte-zitate.de/autoren/janusz-korczak/
2.) frei nach: Pelz, Monika: Nicht mich will ich retten, S. 39
3.) https://beruhmte-zitate.de/autoren/janusz-korczak/
4.) https://mhofmann.jimdo.com/intern/texte/die-kinderrepublik/

Korczak 1923

Eine weitere, sehr wichtige Grundeinstellung Korczaks dem Kind gegenüber war dessen Recht auf Fröhlichkeit.

„Ohne eine heitere und vollwertige Kindheit verkümmert das ganze spätere Leben."[1]

Kinder haben das Recht, im „Heute" zu leben, erinnerte Korczak die Erziehenden. Sie sollten nicht nur darum etwas lernen, damit sie eine gute Zukunft oder später vielleicht einmal Erfolg vor sich hätten. Sie sollten die Gegenwart leben.

„Kinder haben ein Recht auf den heutigen Tag. Er soll heiter sein, kindlich, sorglos."[2]

Aufgabe 1: ⊙!★

Bitte stellt euch vor, ihr hättet euch für die Leitung eines Internats beworben. Ihr werdet aufgefordert, die Grundeinstellungen dem Kind gegenüber, die euch besonders wichtig sind und eure vorrangigen Erziehungsziele zu nennen. Bitte schreibt eure Vorstellungen in die Leerzeilen. Orientiert euch an den eigenen Erfahrungen, die ihr als Kinder und Jugendliche sammeln konntet!

_____
_____
_____
_____
_____
_____
_____
_____
_____
_____
_____

1.) https://beruhmte-zitate.de/autoren/janusz-korczak/
2.) http://www.bk-luebeck.eu/zitate-korczak.html

Die Sommerkolonien

Als junger Arzt durfte Korczak 1907 als Erzieher in den Sommerkolonien mitarbeiten. Das sind Feriencamps für Kinder und Jugendliche. Hier gibt es Häuser oder Zelte im Grünen, in den Bergen oder an der See, ähnlich wie heute.

Korczak sollte erholungsbedürftige Kinder aus Warschau in der Ferienkolonie **Michalowka** betreuen. Das waren ein paar Quadratkilometer Wald mit einem seichten Flüsschen, einem zweiflügligen Gebäude mit Veranda, umgeben von Wiesen und Feldern.

Vier Gruppen mit je 150 Kindern durften hier je vier Wochen ihren Sommerurlaub verbringen. Ein Betreuer war für 30 Kinder zuständig.

Diese Sommerkolonie sollte für Korczak eine erzieherische Herausforderung werden. Er war unerfahren und entsprechend aufgeregt, was für Kinder er dort zu betreuen hätte. Er wusste, dass es eine bunte Mischung sein würde aus wohlerzogenen, behüteten Kindern, aber auch Raufbolden aus ganz schlimmen Gegenden der Stadt Warschau. Er würde junge Menschen mit allen Facetten betreuen müssen, farblose, schillernde, quengelnde, gleichgültige, verwahrloste und solche, denen immer alles leicht fiel und die zudem auch noch gut aussähen. Eins wusste er. Er wollte allen gerecht werden und jedes Kind in seiner Selbstsicherheit stärken.

Eifrig bereitete er die Reise vor.
Für die Musik musste ein Grammophon besorgt werden. Spiele, Dominosteine, das Damespiel vielleicht noch und unbedingt ein Feuerwerk, was gar nicht so leicht zu besorgen war.

Für Koloniekleidung und Essen war gesorgt. Mit dem Kochen hatte er nichts zu tun. Da gab es Personal.

Vielleicht gut, dass Korczak nicht wusste, was da auf ihn zukam. Ihn erwartete ein wilder Haufen Kinder, die nicht zu bändigen waren, die machten, was sie wollten. Einige verloren schon auf der Hinreise ihre ersten Sachen.
So trafen sie ein. Aufgeregt, einander stoßend nahmen sie ihre Institutskleidung für die Zeit hier entgegen, auch wenn sie ihnen zu lang, zu eng am Hals oder unpassend an den Schultern war, und gaben ihre ab.

Korczak war überfordert. Kreuz und quer liefen die Kinder, er wusste nicht, wie man sie auf Plätze und Betten verteilen sollte, ihren Tumult, ihren Lärm zur Nachtruhe eindämmen konnte. Schon musste die erste blutende Wunde als Ergebnis einer Keilerei behandelt werden.

In den folgenden Tagen meuterten einige Kinder, spielten Streiche, suchten Korczaks Grenzen auszuloten und reizten ihn *„bis zum Gefühl des Zorns und beleidigtem Ehrgeiz"*.[1]

Ein paar Tage später folgte eine entscheidende Änderung Korczaks im Verhalten gegenüber den Kindern, die zu einer ganz anderen Denkweise innerhalb seiner Erziehung führen sollte.

Bei einem Waldspaziergang sprach er mit und nicht zu den Kindern. Er dirigierte nicht, wie sie zu sein hätten, sondern ging auf ihr Selbstbild ein, wie sie selbst sein wollten, welche Bedürfnisse sie hatten.

Er nahm sie ernst in ihrer Individualität.

„Den Sommerkolonien habe ich viel zu verdanken. Hier begegnete ich zum ersten Male einer Kinderschar und lernte in selbstständiger Arbeit das ABC der pädagogischen Praxis."[2]

1.) **Korczak, Janusz:** Wenn ich wieder klein bin. S, 319
2.) Langhanky, Michael: 1994, S. 94, nach Korczak, 1979

Korczak schrieb ausführlich über diese Zeit. Er beschrieb die Kinder, ihr Verhalten, ihre Herkunft. Er machte sich jeden Tag Gedanken, wie der nächste Tag zu gestalten sei und reflektierte seine erzieherischen Grenzen und Möglichkeiten. Die Rolle des Betreuers sah er als ausschlaggebend für das Gelingen einer glücklichen Koloniezeit.

Zehntausende Kinder und Jugendliche verbringen heute ihre Ferien in Sommercamps. Organisiert von der Stadt, von Kirchen, den Pfadfindern, Sportvereinen, privaten Jugendfahrt-Anbietern und vielen mehr.

Für viele Familien, besonders für Alleinerziehende, ist die Betreuung ihrer Kinder in den großen Ferien zu einem Problem geworden. Wohin mit den Kindern, wenn man selbst arbeiten muss? Wer betreut dann die Kinder und vor allem so, dass man als Elternteil ein gutes Gefühl dabei hat?

Längst ist die Betreuung von Kindern und Jugendlichen in den Ferien zu einem *lukrativen* Geschäft für private Jugendfahrt-Organisatoren geworden.

Korczak 1927

Ein breites Spektrum von Angeboten soll allen Eltern ein Feriencamp für ihr Kind schmackhaft machen. Förderung der Fremdsprache auf dem Fußball-Englisch-Feriencamp mit qualifizierten „native speakern" als Betreuern, ein Klettercamp mit Sportlehrern, die nebenbei die Mathedefizite beheben sollen. Besonders ehrgeizige Eltern gönnen ihren Kindern gerne dieses luxuriöse Angebot.

Aufgabe 1: ⊙!★

Warst du schon einmal in einem Feriencamp oder hast an einem Ferienprogramm der Stadt teilgenommen? Berichte von deinen Erfahrungen.

Aufgabe 2: ∞

Recherchiere, welche Ferienangebote es in deiner Stadt und Umgebung für Kinder und Jugendliche gibt. Bewerte das Angebot. Was findest du gut, was weniger gut und welche Programme fehlen deines Erachtens? Berücksichtige dabei auch die unterschiedlichen Altersstufen und die Angebote für Mädchen und Jungen.
(Zusatzaufgabe: Erkundigt euch, wer bei euch in der Stadt für Ferienfreizeitprogramme zuständig ist. Schreibt eventuell einen Brief mit euren Wünschen und Anregungen an diese Stelle.)

Aufgabe 3: ∞

Erarbeitet in einer Gruppe eine eigene Broschüre mit Freizeitfahrten. Überlegt vorher gut, welche Jugendlichen ihr damit erreichen wollt.

Aufgabe 4: ∞

Korczaks Michalovka (Sommerkolonie) lag in einem Wald. Wie sieht euer ideales Feriencamp aus? Zeichnet einen Plan, ein Luftbild oder mehrere Einzelbilder von eurem Feriencamp und stellt es der Klasse vor. Was ist das Besondere an eurem Camp?

Aufgabe 5: ∞

Heute gibt es strenge Regeln für solch eine Fahrt. Nicht mehr als zwölf Kinder pro Betreuer, Schwimmschein, Kletterschein, Ausbildungsnachweis in Pädagogik, erster Hilfe und vieles mehr. Welche Qualifikationen sollten deine Betreuer haben? Diskutiert im Plenum!

Aufgabe 6: ∞

Welche Regeln würdest du für die Jugendlichen aufstellen wollen, damit ein reibungsloses Urlaubserleben möglich ist? Erlaubst du die Mitnahme von elektronischen Medien? Warum/warum nicht? - Überlegt vorher in der Klasse, für welche Altersstufe ihr diese Regeln erstellen wollt und arbeitet dann in Gruppenarbeit! Diskutiert diese Regeln und stellt selber Regeln für eure nächste Klassenfahrt auf.

Korczak übernimmt die Leitung
des neuen Waisenhauses

1911 wurde Janusz Korczak gebeten, die Leitung eines Heims für jüdische Kinder in Warschau zu übernehmen. Ein ganz neues Haus wurde dazu von der „Gesellschaft zur Unterstützung von Waisenhäusern" unter Mitarbeit der Erzieher in Warschau errichtet. Im Oktober 1912 konnten 85 Kinder das Haus beziehen. Es sollte *„nicht die Nachteile eines Klosters oder einer Kaserne in sich vereinigen und nicht gegen die Freiheit und gegen den Menschen gerichtet sein"*[1]

Korczak zögerte nach diesem Angebot nicht lange und gab seine Anstellung als Arzt auf. Diese Entscheidung fiel ihm keineswegs leicht. **Im Gegenteil: Er tat dies schweren Herzens und auch mit schlechtem Gewissen.**

Gemeinsam mit **Stefania Wilczynska** übernahm er die Verantwortung für das neue Haus der Kinder.
Diese hatte in der Schweiz und Belgien Naturwissenschaften studiert und nach den Methoden Fröbels Kurse zur Kindererziehung geleitet. **Sie wurde zu einer gleichberechtigten Partnerin Korczaks.**

Die Biografin, Hanna Mortkowicz-Olzakowa, schrieb: *„Frau Stefa war immer da. Man konnte mit den winzigsten Sorgen zu ihr kommen. Mit frohen und betrüblichen Dingen, mit einem Riss im Hemdsärmel und mit einem Klecks im Heft."*[2]

„Korczak war der kreative Kopf, der Geist, der Mann mit den Ideen und Vorstellungen, Frau Stefa war die gute Seele im Haus."[3]

Mit ihr zusammen konnte er seine Grundeinstellungen, Vorstellungen, Erfahrungen und das, was er in England, Frankreich und Deutschland von den Reformpädagogen gelernt hatte, umsetzen. Jetzt konnte er sein lang gehegtes Ziel angehen: **Er konnte das Leben der Kinder verändern, indem er ihnen eine „Schule des Lebens" ermöglichte.**

Während das neue Waisenhaus fertiggestellt wurde, schrieb Korczak an vielen pädagogischen Artikeln, von denen leider nur sehr wenige erhalten geblieben sind. U. a. warnte er darin seine Kollegen in der Erziehung vor einer ganz besonders großen Gefahr: **der Gefahr, „Lieblingsschüler" zu haben, einzelne Kinder bevorzugt zu behandeln.**

Dieser Artikel sorgte für große Aufmerksamkeit in der damaligen Zeit.

1.) Aus einem Zeitungsbericht des Dom Sierot, in Nowa Gazeta 1911, Nr. 134. Entnommen: Beiner, Friedhelm. J. Korczak: Themen seines Lebens, S. 80

2.) Mortkowicz-Olzakowa, Hanna: J. Korczak: Entnommen: Beiner, Friedhelm. J. Korczak: Themen seines Lebens, S. 84

Korczaks pädagogische Arbeit

> Jedes Kind hat Rechte!

Sommerkolonie

Korczak musste sich um Spenden und entsprechende Spender für das Haus kümmern, mit anderen Worten, er musste auf „Betteltour" gehen. Eine Aufgabe, die ihm, wie man sich leicht vorstellen kann, sehr schwer fiel.

Doch er überwand sich für sein großes Ziel:

Eintreten für die Rechte der Kinder.

So hat u. a. jedes Kind ein **Recht auf Fürsorge**.

Diese Fürsorge galt nicht nur den Waisenkindern, sondern auch solchen mit **kriminellem** Hintergrund. In den meisten Fällen wurden Minderjährige damals wegen geringfügigen Vergehens verhaftet.

„Auch ein kriminelles Kind bleibt ein Kind! Es ist ein Kind, das noch nicht aufgegeben hat, aber nicht weiß, wer es ist."[1]

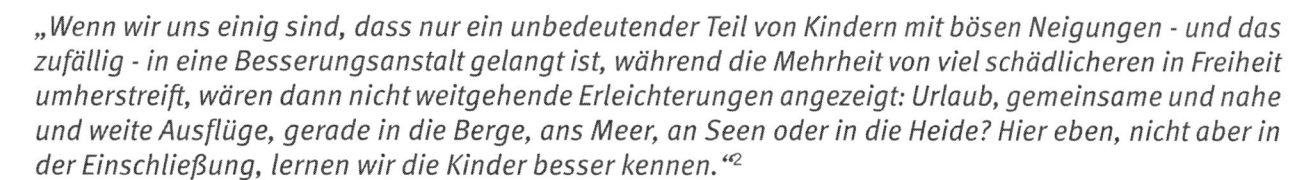

„Wenn wir uns einig sind, dass nur ein unbedeutender Teil von Kindern mit bösen Neigungen - und das zufällig - in eine Besserungsanstalt gelangt ist, während die Mehrheit von viel schädlicheren in Freiheit umherstreift, wären dann nicht weitgehende Erleichterungen angezeigt: Urlaub, gemeinsame und nahe und weite Ausflüge, gerade in die Berge, ans Meer, an Seen oder in die Heide? Hier eben, nicht aber in der Einschließung, lernen wir die Kinder besser kennen."[2]

1.) https//mhofmann.jimdo.com/intern/texte/die-kinderrepublik
2.) Korczak, Janusz: Verteidigt die Kinder, S. 36/37

Aufgabe 1: !★

Stelle in deinem Zusatzheft Pro- und Contra-Argumente in einer Tabelle gegenüber, die Korczak womöglich durch den Kopf gegangen sind, als er überlegte, seinen Arztberuf aufzugeben.
Worauf gründete sich sein schlechtes Gewissen nach seiner Entscheidung? Stelle der Lerngruppe deine Arbeitsergebnisse vor.

Aufgabe 2: ★

Anhand dieses Textes lässt sich nicht nur die moderne Denkweise Korczaks bezüglich des Strafrechtes erkennen. Dahinter steckt auch ein bestimmtes Menschenbild. Korczak spricht z. B. von **„moralisch belasteten Kindern"** *oder* **„Kindern mit bösen Neigungen"***, wenn andere von Kriminellen reden. Versuche, dieses Menschenbild Korczaks zu beschreiben. Stimmst du ihm zu oder hast du eine andere Vorstellung?*

Bitte beurteilt die Bezeichnungen, die Korczak wählte und schreibt eure Stellungnahmen in euer Zusatzheft!

„Dom Sierot" (Haus der Waisen)

1913

2017

Das Waisenhaus der Krochmalnastraße steht heute noch und kann besucht werden. Es wurde zum Museum umgebaut und man kann dort viele Bilder, Filme, den ehemaligen großen Aufenthalts- und Speiseraum sehen.

Das „Dom Sierot" lag und liegt in einem Teil Warschaus, in dem viele Juden ihre Wohnungen und kleinen Läden hatten. Es gab einen Markt und man konnte die unterschiedlichsten Menschen auf der Straße beobachten. Man traf Gemüsefrauen, Zeitungsjungen, Schuhputzer und ausrufende Händler. Jeder hatte sein Lebensrecht. Die Kinder und ihr Heim sollten in dieses Leben integriert sein. Jede Woche einmal wurde auch ihr Haus für Besucher geöffnet.

Das neue Waisenhaus war eins der ersten Häuser Warschaus mit Zentralheizung und Elektrizität. Es gab fließendes heißes und kaltes Wasser und Klosetts mit Wasserspülung.

Zwei Schlafsäle standen zur Verfügung, einer für die Jungen und einer für die Mädchen. Beide waren durch einen kleinen, verglasten Raum voneinander getrennt. Von hier aus konnte Korczak die Kinder im Blick behalten, sie evtl. beruhigen, medizinisch versorgen, mit ihnen reden oder selbst des Nachts arbeiten.

Innerhalb des Waisenhauses ging es J. Korczak darum, das Leben dieser Kinder mit all ihren schlimmen Erfahrungen und *Traumata* zu verändern.

Er wollte Lebensbedingungen und Rituale schaffen, die es den Kindern ermöglichten, sich zu eigenverantwortlichen, verantwortungsbereiten und fröhlichen Menschen zu entwickeln.
Das war zunächst gar nicht einfach.

„Als diese lauten, frierenden, aufgeregten, unverschämten Buben und Mädel schließlich an einem regnerischen Nachmittag in der Krochmalnastraße 92 ankamen, hatten sie immer noch ihre Stecken und Knüppel bei sich und wirkten selbst ein bisschen wie Wilde."[1]

1.) http://www.korczak.com/korczak/leben-09.htm

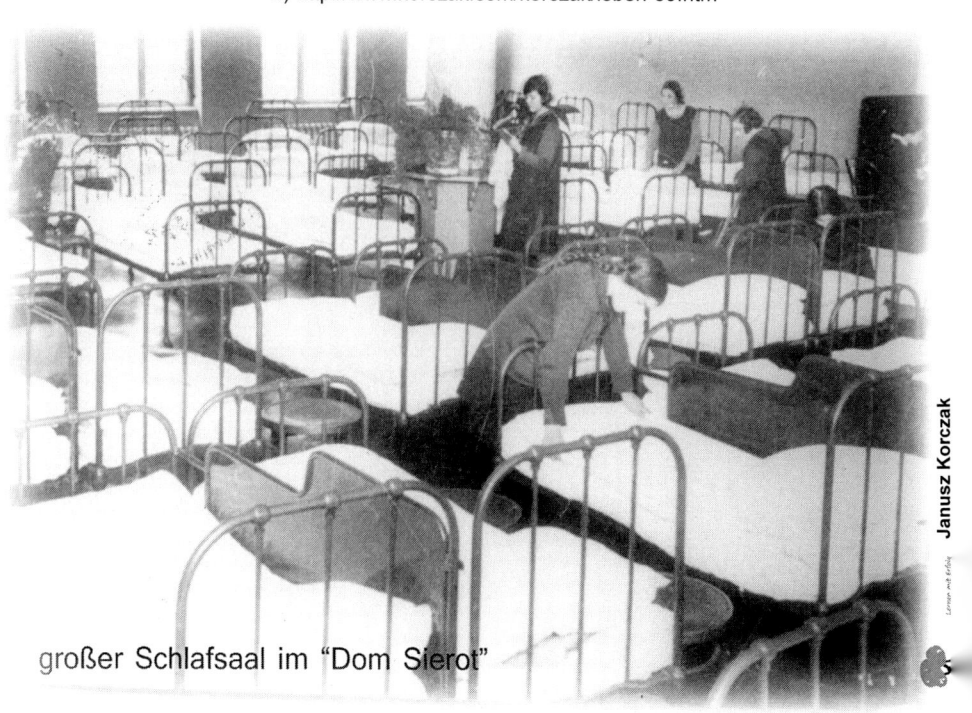

großer Schlafsaal im "Dom Sierot"

Janusz Korczak

44

Erste Schritte
des Zusammenwachsens im „Dom Sierot"

Die Kinder rebellierten. Sie verstanden Korczak, seine Regeln und Forderungen nicht, waren eine andere Art von Leben gewohnt. Auf der Straße galt das Recht des Stärkeren, andere Regeln kannten sie nicht. **Es fiel ihnen schwer, ihr altes Leben und ihre alten Rollen aufzugeben.**

Es sollte sich herausstellen, dass Korczak dieses erste Jahr im neuen Waisenhaus als „das schlimmste seines Lebens" bezeichnen würde. Er hatte geglaubt, dass es keine Überraschungen mehr für ihn geben würde, aber er hatte sich geirrt. Statt sich über ihre neue Umgebung zu freuen und die Regeln des Gemeinschaftslebens zu akzeptieren, hatten die Kinder „den Krieg erklärt", bevor der Pädgoge überhaupt merkte, was los war.

„Zum zweiten Mal stand er hilflos vor dieser bedrohlichen Meute. Von all seinen Vorschriften überwältigt, begaben sich die Kinder in den absoluten Widerstand, den kein gutes Zureden zu brechen vermochte. Zwang führte zu Ablehnung. Das neue Heim, auf das sie so sehnsüchtig gewartet hatten, wurde verabscheut."[1]

Es brauchte etwa ein halbes Jahr, bis sie die Anforderungen, Ideen und Gerechtigkeitsvorstellungen begriffen und ihren Wert für sich selbst erkannten. Erst dann lehnten sie sich nicht mehr auf und arbeiteten mit. Janusz Korczak konnte daran gehen, seine Art der Erziehung im Waisenhaus umzusetzen.

1.) http://www.korczak.com/korczak/leben-09.htm

Aufgabe 1: ⊙!★

Bitte versetzt euch in die Rolle eines/einer Jugendlichen, der/die aus dem Elend der Großstadt, dem Schmutz, der Gewalt und der Gesetzlosigkeit plötzlich in einer Einrichtung wie der des Waisenhauses landet. Plötzlich sind Sauberkeit, Ehrlichkeit, Toleranz und Mitmenschlichkeit Werte, die ganz hoch angesiedelt sind und deren Einhaltung gefordert wird. Der Schwächere genießt den Schutz des Stärkeren. Ihr versteht die Welt nicht mehr. Und man hatte euch doch in diesem Haus ein „gutes, neues Leben" versprochen.
Bildet Gruppen und bereitet ein Rollenspiel vor, das diese Situation veranschaulicht.

Aufgabe 2: ∞

Was sollte der Erzieher Korczak in der in Aufgabe 1 und im vorangegangenen Text beschriebenen Situation tun? Was sollte er sagen, wie sollte er handeln, wie auf den Machtkampf zwischen ihm und den Jugendlichen reagieren?

Versetzt euch in die Lage eines oder mehrerer Jugendlicher, die den Doktor mögen und ihm Hilfestellungen geben, was er tun sollte, um die verfahrene Situation zu entspannen und zu verbessern!

Bereitet ein Gespräch vor, in dem die Jugendlichen mit Korczak ins Gespräch kommen und ihm ihre Ängste, Fragen, Verbesserungsvorschläge und Ideen unterbreiten.

Der Erste Weltkrieg:
Kriegseinsatz 1914-1918

Leider wurde die schöne Entwicklung zwischen Korczak und den Kindern schon 1914 wieder unterbrochen. Der Erste Weltkrieg brach aus und der Erzieher wurde einberufen.

In einem Divisionslazarett diente er als Oberarzt, wurde an die Masurischen Seen und in die Nähe von Kiew beordert.

Obwohl ihn das Kriegsgeschehen stark berührte und belastete, schrieb er in jeder freien Minute, die ihm der Krieg ließ. Er nutzte diese Zeit in den Gefechtspausen und im Feldlazarett, um seine Beobachtungen als Kinderarzt und Pädagoge wissenschaftlich aufzuarbeiten.

Zwei Werke, die einen besonderen Stellenwert innerhalb seines literarischen Schaffens darstellen, entstanden während dieser Kriegszeit:

„Wie liebt man ein Kind" und „Der Frühling und das Kind".

Während des Krieges verschlägt es Korczak **1916** nach Kiew. Dort wird ihm erlaubt, als Kinderarzt zu arbeiten. Hier lernt er die Arbeiterfunktionärin **Maryna Falska** kennen, die später in Warschau zu einer seiner engsten Mitarbeiterinnen und Vertrauten werden wird. Als Mitglied der Polnischen Sozialistischen Arbeiterbewegung war sie, zusammen mit dem Staatschef Pilsudski (siehe im historischen Teil S. 70, 72-74) festgenommen und nach Sibirien verbannt worden. Nach ihrer Entlassung heiratete sie und bekam eine kleine Tochter. Ihr Mann und die Tochter starben und sie kehrte nach Warschau zurück.

1919 kehrte Korczak aus dem Krieg zurück. Die ganze Zeit hatte **Stefania Wilczynska** das Waisenhaus geleitet und die Kinder durch die schlimmen Kriegsjahre gebracht.

Sie hat für ihre Ernährung, für Kohlen und Kleidung gesorgt und die Kinder gepflegt, wenn sie krank waren.

„Am 11. November 1918 hängten die Kinder wie alle Nachbarn zur Feier der polnischen Unabhängigkeit die rotweiße Fahne aus den Fenstern. Sie hörten zu, als ‚Pan Doktor' ihnen die wunderbarste seiner Geschichten erzählte: Nach 120 Jahren der Unterdrückung war ihr Land wieder frei, und der unermüdliche Patriot Jozef Pilsudski, der sein Leben dem Erreichen der Unabhängigkeit verschrieben hatte, war jetzt Staatsoberhaupt"[1]

Nach seiner Rückkehr aus dem Krieg wurde Korczak gebeten, ein zweites Waisenhaus für polnische Arbeiterkinder zu übernehmen. Es war in der Form eines Flugzeuges gebaut und hieß **„Nasz Dom"**, „Unser Haus".

Er sagte zu und leitete es gemeinsam mit Maryna Falska. Beide Häuser wurden nach demselben Prinzip geführt. **„Selbstverwaltung" durch die Kinder war das große Ziel.** Die Jugendlichen besuchten sich gegenseitig und fuhren gemeinsam in die Sommerkolonien.

1921 erscheint sein Text: **„Allein mit Gott - Gebete eines Menschen, der nicht betet"**. Es sind Textbeiträge, in denen man den Menschen Korczak kennenlernen kann, sehr persönlich und sehr eindringlich. Sie sind wohl auf den Tod der Mutter zurückzuführen.

Korczak behandelte nach dem Krieg im Lazarett an Fleckthyphus erkrankte Männer und steckte sich dort an. Seine Mutter pflegte ihn gesund, doch infizierte sie sich selbst und starb an dieser Krankheit 1920. Der Sohn fühlte sich schuldig.

1.) http://www.korczak.com/korczak/leben-12.htm

Janusz Korczak -
Vater der heutigen Kinderrechte

Es gibt nur wenige erhaltene Dokumente Korczaks über seine Erlebnisse während des Krieges. In einem Artikel schreibt er dazu: *„Nicht nur die Juden leiden - die ganze Welt ist in Blut und Feuer, in Jammer und Tränen und Trauer."*[1]

Die Häuser wurden zerstört. Kein Stein blieb auf dem anderen. Die Ernte vernichtet, Menschen verfolgt, gequält und getötet. Brutalität, Grausamkeit und Menschenverachtung prägten die kriegerischen Auseinandersetzungen. Das Werk der Erwachsenen.

Später schrieb Korczak: *„Man hätte gedacht, nach diesem Krieg wird kein erwachsener Mensch mehr den Mut haben, ein Kind deshalb zu schlagen, weil es eine Scheibe einschlug oder die erhabene Atmosphäre des Schulunterrichts unterbrach. Man hatte angenommen, dass wir mit hängenden Köpfen und gesenkten Augen an den Kindern vorbeigehen würden. [...] Aber die Erwachsenen sind nach dem Krieg wie sie vorher waren: selbstgefällig und brutal gegenüber denen, die schwächer sind und ihnen hilflos ausgeliefert - den Kindern".*[2]

1.) SW, Bd. 15, S. 383f. Entnommen: Beiner, Friedhelm: J. Korczak: Themen seines Lebens, S. 104
2.) In: Pelz, Monika: Nicht mich will ich retten, S. 57

Kinder und Erwachsene haben gestern wie heute unterschiedliche Vorstellungen, Meinungen und Wünsche. So kommt es zu Auseinandersetzungen. Doch diese werden in vielen Fällen nicht fair ausgetragen, denn das Kräfteverhältnis beider Seiten ist nicht gleich.

Korczak forderte, dass die Erwachsenen Kindern den Weg weisen, sie an den Erfahrungen, die sie machen müssen, teilhaben lassen sollten, nicht aber über sie herrschen dürften. Sie seien nicht nur *„noch nicht Erwachsene, sie seien Menschen, denen nur eines fehle: Erfahrung",* wie Korczak es ausdrückte.

Doch der kluge und erfahrene Arzt, Schriftsteller und Pädagoge wusste, dass die Erwachsenen nicht auf ihre Macht und ihre Rechte freiwillig verzichten würden.

Deshalb schrieb und forderte er „Ein Grundrecht für Kinder", nicht nur von den Eltern, sondern auch von den einzelnen Regierungen.

Zu seinen Lebzeiten ging diese Forderung nicht in Erfüllung. Aber 1989 verabschiedete die UN-Vollversammlung die UN-Konvention über die Rechte der Kinder.

Aufgabe 1: ⊙!★

Korczak schrieb seine Einstellungen und Forderungen, die auf dieser Seite formuliert werden, im ersten Viertel des 20. Jahrhunderts. Er kritisiert u. a., dass die Erwachsenen nicht freiwillig auf ihre <u>Macht und Rechte gegenüber dem Kind</u> *verzichten würden.*

Sind diese Forderungen, die er formuliert, heutzutage nicht überholt, überflüssig oder sogar falsch? Bitte beurteile und bewerte sie und schreibe deine Begründung dazu in die Leerzeilen!

_____
_____
_____
_____
_____
_____
_____
_____

Die Rechte des Kindes - „Magna Charta Libertatis"

„Ich fordere die ‚Magna Charta Libertatis' als ein Grundgesetz für das Kind. Vielleicht gibt es noch andere - aber diese drei Grundrechte habe ich herausgefunden:

> 1. Das Recht des Kindes auf seinen eigenen Tod.
> 2. Das Recht des Kindes auf den heutigen Tag.
> 3. Das Recht des Kindes, so zu sein, wie es ist.

Mit dem **„Recht auf den eigenen Tod"** meinte Korczak **nicht**, das „Recht sich umzubringen". Er will damit den Mut zum Risiko einfordern. Nur wenn ein Kind seine eigenen Erfahrungen machen darf, kann es lernen und sich entwickeln. Dazu muss es etwas wagen, Risiken eingehen dürfen. Korczak hatte mit seiner Forderung sicherlich die „Überbehütung" der Kinder aus den gutbürgerlichen Kreisen im Auge. Doch dies als **Relikt** aus alten Zeiten abzutun, wäre sicherlich falsch. Selbstbewusstsein und Selbstwertgefühl kann sich auch heute nur aus vielfältig selbstgemachten Erfahrungen entwickeln. *„Ich habe immer Hindernisse eingebaut"*, schrieb Korczak. *„Wenn ich eine Schiffsreise mache, gibt es einen Sturm. Wenn ich irgendein Projekt bearbeite, habe ich zunächst Ärger und bin erst am Schluss erfolgreich. Weil es langweilig ist, wenn alles von Anfang an glattgeht..."*[1]

Das **„Recht des Kindes auf den heutigen Tag"** ist aktuell sicherlich genauso anzumahnen und einzufordern wie zu Korczaks Zeiten. Bereits in der Grundschule werden Kinder häufig dazu angehalten, ihre Zukunft im Auge zu haben. Das große Ziel vieler Eltern ist es: „Mein Kind soll einmal das Gymnasium besuchen und das Abitur machen können."
Korczak fordert, dass Kinder sich an dem heutigen Tag freuen dürfen, glücklich sein, lachen, forschen und staunen sollen. Das Leben sollte nicht nur auf die Zukunft, sondern mindestens genauso auf die Gegenwart des Kindes gerichtet sein.

Das **„Recht des Kindes so zu sein, wie es ist":** Kinder sollen sich frei, ihren Anlagen entsprechend entfalten. Korczak denkt, dass bloßer Druck eher zu einem schlechten Verhalten führt, da die Kinder dann keine Wahl haben und nur das tun, was von ihnen verlangt wird.
„Du kannst ein lebhaftes, aggressives Kind nicht dazu zwingen, gesetzt und leise zu sein; ein misstrauisches und verschlossenes wird nicht offen und redselig werden"[2]

„Und sie (die Erzieher) sollten daran denken, dass alles durch Dressur, Druck und Gewalt Erreichte vorübergehend, ungewiss und trügerisch ist. [...] so sollte man sich nicht darüber ärgern, dass das Kind so ist, wie es ist."[3]

Aufgabe 1: ●!★

Welches der drei genannten Rechte hat für dich eine besondere Bedeutung? Nenne und begründe deine Wahl im Plenum.

Aufgabe 2: ★

Bitte interpretiere die letzte Forderung und schreibe in dein Zusatzheft, warum sie von so großer Bedeutung ist. Ergänze deine Ausführungen mit Beispielen, die sich an eigenen Beobachtungen orientieren.

1.) http://www.draloisdengg.at/bilder/pdf/Die_Rechte_der_Kinder_Janusz_Korczak.pdf
2.) ebenda
3.) ebenda

Gelebte Demokratie
im Haus der Kinder

PÄDAGOGIK DER ACHTUNG

Janucz Korczak ging es darum, dass die Kinder und Jugendlichen lernen sollten, Verantwortung für sich selbst und andere übernehmen zu können.

Um diesem Ziel näher zu kommen, gründete er u. a. die **„Kleine Rundschau"**, eine wöchentliche Beilage zu einer großen polnisch-jüdischen Tageszeitung (mit einer Auflage von ca. 60.000 (1926). Es war eine **„erste Zeitung der Kinder"**.

Korczak schrieb: *„Das Blatt wird alle Fragen der Kinder behandeln und der Verteidigung der Kinder dienen.*

Wir haben drei Redakteure: einen alten mit Glatze und Brille, einen zweiten für die Jungen und eine Redakteurin für die Mädchen."[1]

Alle Mitglieder des Hauses durften am **„Wochenblatt des Dom Sierot"** mitarbeiten. Den Leitartikel schrieb Korczak selbst, danach folgten Beiträge der Erzieher und der Kinder, manchmal beteiligten sich auch Gäste oder Verwandte.

Die Jugendlichen wurden ermutigt zu schreiben, was sie bewegte. Sie konnten ihre Gefühle, ihre schönen, ihre traurigen Erlebnisse, ihr Glück und ihre Probleme thematisieren. Es mussten keine literarischen Glanzleistungen, keine Gedichte und keine fehlerlosen Beiträge sein.

An jedem Freitagnachmittag trafen sich alle Heimbewohner, Kinder und Erwachsene und dann wurden die Beiträge vorgestellt. Die Zeitschrift wurde mit der Hand geschrieben und nach dem Vorlesen für alle zugänglich aufbewahrt. Besonders gelungene oder interessante Beiträge wurden beklatscht und gefeiert.

Mit der Kinderzeitung lehrte der Pädagoge die Kinder Meinungsfreiheit und Demokratiebewusstsein.

„An meine zukünftigen Leser!

Unsere Zeitung wird ihren Sitz in einem großen Eckhaus haben. Ringsum ein Park: rechts ein riesiges Spielfeld, links ein Teich und Boote; im Winter eine Eisbahn. Fahrräder, Autos und Flugzeuge für die Mitarbeiter und Korrespondenten - versteht sich. Auf dem Dach eine Antenne,[...] um ganz leicht Nachrichten aus dem ganzen Land, der ganzen Welt zu sammeln. Wo etwas Wichtiges und Interessantes passiert, dort ist unsere Berichterstattung und unsere Kamera. [...]"[2]

Hochachtungsvoll
Janucz Korczak

Aufgabe 1: ⊙!★

Die „Kleine Rundschau" sollte den Jugendlichen und Kindern eine Stimme geben. Wenn du einen Artikel für diese Zeitung der jungen Menschen schreiben solltest oder dürftest,

- welches Thema würdest du ansprechen wollen?

- an wen oder zu welchem Thema würdest du dein Schreiben, deine Kritik oder dein Lob richten wollen?

- was wären deine wichtigsten inhaltlichen Gesichtspunkte, die die Leser erfahren sollten, die sie z. B. aufrütteln, bewegen, zum Nachdenken oder zu einer Stellungnahme zwingen sollten?

1.) In: Naz Przeglad (Unsere Rundschau) 1926 Entnommen: Beiner, Friedhelm: J. Korczak: Themen seines Lebens, S.171

2.) http://www.evangelisch.de/inhalte/5868/06-08-2012/janusz-korczak-die-kinder-sollen-selbst-regieren

Als Nächstes ermutigte Korczak die Kinder und Jugendlichen, ein Kinderparlament zu wählen und ein Kindergericht zu *institutionalisieren*.

Im Parlament sollten sie ihre eigenen Regeln aufstellen. *„Die Kinder sollen selbst regieren"*, schreibt Korczak in der Heimzeitung seines Waisenhauses. *„Wenn sie das gut besorgen, dann wird es ihnen gut gehen; wenn sie schlecht regieren, wird es ihnen schlecht gehen. So werden sie lernen, gut zu regieren, sie werden vorsichtig sein, weil sie wollen, dass es ihnen gut geht."*[1]

Damit die Regeln auch befolgt wurden, gründete Kroczak ein Kindergericht. Dieses urteilte, sprach frei oder verhängte Strafen, wenn sich jemand in der Hausgemeinschaft nicht an die festgelegten Regeln hielt. Jede Woche wurden fünf Richter aus den Reihen der Kinder bestimmt.

Das Prinzip einer eigenen „Gerichtsbarkeit" war damals noch nicht ausgereift, musste Korczak sich selbst eingestehen, aber er war überzeugt, dass in spätestens fünfzig Jahren jede Schule solch ein Gericht installiert haben würde.

„Die Verhandlungen fanden im ‚Stillen Zimmer' statt (wohin die Kinder sich zurückziehen konnten, wenn sie allein sein wollten), wobei die Länge der Debatten von der Schwierigkeit des Falles abhing."[2]

Vor allem aber machte Korczak den Kindern deutlich, dass Vergebung wichtiger sei als Rache und Bestrafung.

> „Das Gericht ist nicht die Gerechtigkeit, aber es hat sie zu suchen."
> J. Korczak

So ein „Gerichtstermin" könnte folgendermaßen abgelaufen sein:

„Herr Dr. Korczak: Sie haben den Jurek beschimpft und so laut angebrüllt, dass dieser ganz große Angst bekam und schrecklich weinen musste. Das war nicht richtig.
Was haben Sie dazu zu sagen?"

*„Es stimmt. Ich war zornig und erschöpft und hatte mich in dem Moment nicht unter Kontrolle.
Es war nicht richtig, dass ich den Jurek so angeschrien habe und es tut mir leid."*

„Ja, das war nicht richtig, dass sie Jurek so große Angst gemacht haben. Aber weil sie müde und erschöpft waren und weil es ihnen leid tut, wird die Strafe milde ausfallen. Sie sollen für eine Woche den Tischdienst übernehmen."
Sind Sie damit einverstanden, Herr Dr. Korczak?"

„Jawohl. Ich nehme die Strafe an."
Er wurde nach Artikel 100 verurteilt und machte daraufhin eine Woche lang den Tischdienst.

Die beiden Waisenhäuser hatten Platz für jeweils hundert Kinder, die zum Teil elternlos, schmutzig, verlaust und nur sehr schwer sozialisierbar waren. Viele von ihnen wurden ihren Erziehungsberechtigten auch weggenommen, weil diese Kriminelle oder Säufer waren.

Jeder kann sich vorstellen, wie schwierig es gewesen sein muss, diese Kinder in ein soziales Gefüge zu integrieren. Und so war voraussehbar, dass trotz aller Mühe die Verantwortlichen des Waisenhauses nicht alle Kinder behalten konnten.

Es kam zwar selten vor, doch einige Male konnten weder Korczak noch das Gericht ein Kind davor retten, nach Artikel 1000 aus dem Heim verwiesen zu werden.
Sie waren nicht aufzufangen oder zu integrieren und mussten in die öffentlichen Besserungsanstalten verwiesen werden.
Das war für Korczak jedesmal eine furchtbare Erfahrung.

1.) http://www.evangelisch.de/inhalte/5868/06-08-2012/janusz-korczak-die-kinder-sollen-selbst-regieren

2.) http://www.korczak.com/korczak/leben-16.htm

Hilfen des Alltags
im Waisenhaus

„Es ist besser, zu kämpfen und zu leiden, als alles zu haben und sich zu langweilen." J. Korczak

Kamen neue Kinder in das „Dom Sierot", wurden ihnen **„Paten"** zugewiesen. Sie halfen den Neuankömmlingen drei Monate lang, sich einzugewöhnen und die Sitten und Gebräuche des Hauses und seiner Bewohner kennenzulernen.

Immer wieder ließ Janusz Korczak sich etwas einfallen, um die Kinder zu einem positiven Verhalten zu bewegen.

Motivieren, nicht bestrafen, das war seine pädagogische Devise.

So verteilte er u. a. die **„Tigerkarten"** nach befriedeten Streitigkeiten und die **„Helferkarten"**, wenn ein Kind sich besonders um ein anderes bemüht hatte.

Ganz besonderen Wert hatten die **„Andenkenkarten"**. Wenn die jungen Menschen etwas Außergewöhnliches geleistet, etwas Gutes getan oder sich sozial engagiert hatten, bekamen sie die „Andenkenpostkarten". Hierauf wurde das erwähnenswerte Verhalten notiert. Doch nicht nur an positive, sondern auch an negative Taten wurden sie erinnert. **Wenn man solch ein Verhalten später abstellen konnte, war dies eine Leistung, die ganz besonders anerkannt und belohnt wurde.**

Im Waisenhaus gab es auch einen sog. **„Kummerkasten"**. Wenn man sich nicht traute, seine Sorgen und Probleme offen anzusprechen oder wenn man dies nicht konnte, schrieb man sie auf einen Zettel und warf diesen in den Kasten.

Korczak selbst hatte die Verantwortung hierfür übernommen und kümmerte sich um die Beiträge, die eingingen.

Zum Abschied bekamen die Jugendlichen **„Abschiedskarten"**. Individuelle gute Wünsche sollten sie auf ihrem zukünftigen Lebensweg begleiten.

Korczak lebte in einer Zeit, in der die Menschen, vor allem auch die Lehrer dazu erzogen worden waren, Erziehung beruhe auf Drill und Prügelstrafen. Man kann sich vorstellen, wie viel Gegenwind der Pädagogik des Doktors entgegenschlug. Disziplin, Gehorsam, Fleiß und Ordnung waren die entscheidenden Erziehungsziele.

„Gerade sitzen, Ohren spitzen. Hände falten, Schnabel halten."

„Autonomie" oder ein „Kinderparlament" passte ganz und gar nicht in die gesellschaftlichen Vorstellungen der damaligen Zeit. So musste Korczak immer wieder erklären, dass Mitbestimmung **nicht** bedeutete, Kinder dürfen tun und lassen, was sie wollen.

„Jedesmal, wenn ich die Sache der Selbstverwaltung in der Schule oder im Heim angehe, bekomme ich zu hören: ‚Bolschewismus'!

Wenn man einer, durch die Erwachsenen moralisch zerstörten Kindergemeinschaft sagt: ‚Macht, was ihr wollt, ihr braucht nicht zu gehorchen', ist das kein Bolschewismus, sondern Wahnsinn! [...] Aber ein Kind dafür zu bestrafen, dass es verspätet zum Unterricht kam, wenngleich sich der Lehrer ungestraft verspäten kann, das ist eine Gemeinheit. Und solche Gemeinheiten werden tausendfach von uns begangen".[1]

1.) In: Pelz, Monika: Nicht mich will ich retten. S. 62

Aufgabe 1: ⊙!★

Bitte entscheide dich für zwei der o. g. kreativen Maßnahmen Korczaks, die du als Motivation für ein gutes Sozialverhalten für besonders effektiv hälst und die auch heute noch ihren Zweck erfüllen würden.
Begründe deine Auswahl im Plenum.

Aufgabe 2: ★

Bitte recherchiert im Internet, mit welchen Worten Korczak die Kinder, deren Zeit im Waisenhaus zu Ende war, verabschiedete. Berichtet im Plenum über eure Eindrücke.

Korczak -
klug
emotional
und voller Fantasie

Korczak war keinesfalls ein ernster, weiser, abgehobener „Heiliger" und so hat er sich auch nicht gesehen. Oft konnte er sich nur mit Mühe beherrschen. Als seinen schwersten Fehler sah er dabei seinen häufig aufflackernden „Zorn" an. *„Ja, ich tue mich schwer, bis heute. Warum? Weil ich heftig bin. Ich schlage mich mit diesem, meinem Fehler herum. Eine Strafe habe ich mir ausgedacht, eine Buße. Sooft ich einen Streit vom Zaun breche, muss ich mit der Straßenbahn (der Linie Null oder Pe) dreimal um Warschau herumfahren. Oder ich darf einen halben Tag lang keine Zigarette rauchen."*[1]

Aber er stand gegenüber den anderen Erziehern und auch den Kindern zu seinen Fehlern und diese taten den guten und engen Beziehungen zu ihnen keinen Abbruch. Er lebte mit den Heimbewohnern und für sie. Korczak war es wichtig, dass viel miteinander gesprochen, gelacht, gespielt, getanzt und Musik gemacht wurde. Er lernte mit jungen Menschen und brachte ihnen die Natur nahe. Er wusste einfach, **wann** die Kinder **was** brauchten, konnte sich in sie hineinversetzen und mit ihnen denken und fühlen.

Er war wohl der geborene Pädagoge, weil er selber immer ein bisschen Kind geblieben war.

„So viele Sterne am Himmel!
Hei! Kinder! Kommt!
Wir werden zusammen zu den Sternen schauen.
Zu den Sternen, die am Himmel glitzern.
Kleine Sterne - große Sterne -
so fern...
Und die Nacht spricht zu uns."[2]

Zeichnung: Frauke v. Lowtzow

„Es schneit!
Hei Kinder, es schneit!
Lasst uns nach draußen gehen
und eine
Schneeballschlacht machen!
Und mit lautem Gesang -
lärmend -
voller Freude -
rennen wir mit dem Wind -
und jedem,
den wir treffen,
rufen wir zu:
Es schneit!"[3]

1.) In: Pelz, Monika: Nicht mich will ich retten, S. 63
2.) Texte: SW, Bd. 13, S.362 f. Aus einem frühen Exemplar des Wochenblatts des Dom Sierot. Entnommen: Beiner Friedhelm: J. Korczak: Themen seines Lebens, S. 98
3.) ebenda

Der Freitagabend war etwas ganz Besonderes. Da feierten alle Heimbewohner im großen Saal, in dem sie sonst aßen, spielten oder ihre Hausaufgaben machten, den **„Sabbat"**.

Später kam Korczak in den großen Schlafsaal und erzählte seine eigenen und auch andere Geschichten. Ganz besonders Märchen, in denen alles möglich war und die Armen und Schwachen oft zu Helden wurden, waren bei den Kindern beliebt.

Im Anschluss an die Märchen und Erzählungen redete Janusz Korczak mit den Kindern, hörte ihre Sorgen und Probleme an, sprach ihnen Mut zu und gab ihnen das Gefühl von Nähe und Geborgenheit. Sie liebten ihn und vertrauten ihm.

Speisesaal im „Dom Sierot"

Oft ging er abends, wenn alle still in ihren Betten lagen, noch einmal durch den großen Schlafsaal, lauschte den Geräuschen und vergewisserte sich, dass alle ruhig schliefen.

Jeden Sommer fuhr Janusz Korczak mit Frau Stefania, anderen Mitarbeitern und allen Waisenhauskindern in die Sommerkolonie auf dem Land. Sie gingen schwimmen, wandern, tobten draußen herum, hatten Spaß, lachten und sangen.

Sie lernten aber auch in und aus der Natur. Die Mädchen und Jungen legten kleine Gemüsebeete an, kochten, wuschen, nähten und arbeiteten mit Holz. Beide Geschlechter waren an allen Arbeiten gleichermaßen beteiligt.

Die jungen Menschen entflohen während dieser Zeit der tristen, grauen Großstadt, beobachteten die Tiere, das Wetter und den Sternenhimmel.

Zeichnung: Frauke v. Lowtzow

Organisation
im Waisenhaus

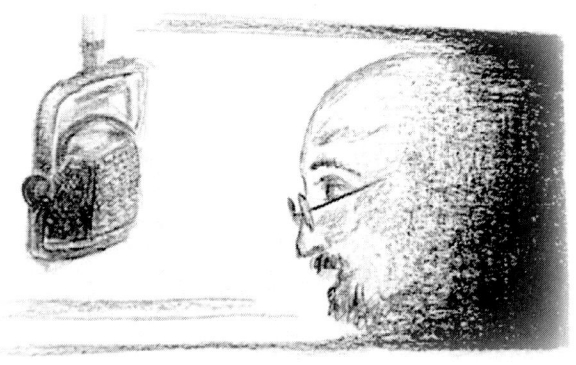

Zeichnung: Frauke v. Lowtzow

In der Zeit zwischen den beiden Weltkriegen erledigte Korczak ein enormes Arbeitspensum. Er war verantwortlich für zwei Waisenhäuser mit größtenteils problematischen Kindern.

Er hielt Vorlesungen am Institut für Sonderpädagogik, arbeitete im Seuchenlazarett und am Warschauer Landgericht als Sachverständiger für Kinder. Gleichzeitig veröffentlichte er viele Fachartikel, in denen es um Reformen und Verbesserungen in der Erziehung ging.

Auch die Arbeit an der Wochenzeitung der Kinder kostete viel Zeit. Er kümmerte sich um die Beiträge, die im „Kummerkasten" landeten und suchte gleichzeitig nach Möglichkeiten, seinen Schützlingen so viel Freude wie möglich zu machen.

Gerade für die armen Kinder schien ihm eigener Besitz besonders wichtig. So hatte jedes Kind ein eigenes kleines Schließfach.

Sie konnten sich auch etwas verdienen. Für ausgefallene Milchzähne z. B. bot der **„Pan Doktor"**, wie ihn die Heimbewohner nannten, Geld.

Eine besondere Bedeutung für einen reibungslosen Ablauf im Waisenhaus hatte die „Anschlagtafel", wir sagen dazu „das Schwarze Brett". *„Ohne diese Tafel wäre das Leben eine Qual"*, schrieb Korczak.
„Kalender, Thermometer, eine wichtige Nachricht aus der Zeitung, ein Bild, ein Rätsel, die Kurve der Schlägereien, eine Liste der angerichteten Schäden, die Ersparnisse der Kinder, ihr Gewicht, ihre Größe."[1]
Alles, was für den Alltag der Gemeinschaft von Bedeutung war, fand hier seinen Platz.
Natürlich wurde auch besonderes Lob hier öffentlich gemacht. Das große Anschlagbrett wurde von Erziehern und Kindern gleichermaßen genutzt und alle hatten die Pflicht, es täglich zu studieren. Auch die Dienste und Pflichten wurden hier festgehalten. So konnte niemand sagen, er hätte von nichts gewusst.

Der Arzt Korczak schrieb genaue Berichte über die Entwicklung der Kinder, sowohl über ihre körperliche wie über ihre psychische und geistige (34 Notizblöcke voll und das Material von einem halben Tausend Messdiagrammen). Er hoffte, *„diese sehr genauen Aufzeichnungen würden in der Zukunft einmal ein wertvolles wissenschaftliches Resultat erbringen."*[2] Über 30 Dokumentationen verfasste er zur Entwicklung der Kinder. Leider wurden fast alle Aufzeichnungen im Zuge des Zweiten Weltkrieges vernichtet.

1935 bekam Korczak eine eigene Radiosendung im Polnischen Rundfunk. „Die Plaudereien des alten Doktors". Er sprach auf seine Art über Erziehung und holte auch immer wieder Kinder vor das Mikrofon. Die Warschauer mochten seine engagierte, freundliche und humorvolle Art.

**1936 wurde diese Sendung dann nicht mehr ausgestrahlt. Ein Jude hatte in dieser Zeit nicht zu den Bürgern Warschaus zu sprechen.
Korczak litt sehr unter dieser Diskriminierung.**

1.) SW, Bd. 4. S. 256 ff. Entnommen: Beiner, Friedhelm: J. Korczak: Themen seines Lebens, S. 131
2.) Korczak, Janusz: Tagebuch aus dem Warschauer Ghetto, S. 26

Aufgabe 1: ⊙!★

*Obwohl die Sendungen des „Alten Doktors" in Warschau sehr beliebt waren, durfte Korczak, nur weil er Jude war, diese nicht weiter durchführen.
Bitte diskutiert in Partner- oder Gruppenarbeit, wie ihr euch eine solche Entscheidung erklärt, beurteilt sie und berichtet im Plenum über eure Ergebnisse.*

Aufgabe 2: ★

Recherchiert im Internet, ob es in unserem freien, toleranten Deutschland auch noch Fälle von Antisemitismus gibt. Schreibt zu diesem Thema einen Artikel für eure Schüler- oder für die Lokalzeitung und stellt ihn vor.

Letzte Jahre im „Dom Sierot"

Die gute Zusammenarbeit der beiden Waisenhäuser funktionierte nicht mehr. Die Freundschaft zu Maryna Falska zerbrach. All das deprimierte den alten Doktor extrem.

Ein weiterer Schlag, der Korczak furchtbar traf, war, dass Stefania Wilczynska nach Israel auswanderte, um dort ihr zukünftiges Leben zu gestalten.

Ein positives Ereignis erhellte die traurige Lage.

1937 verlieh die Polnische Literaturakademie Korczak den „Goldenen Löwen" für sein Gesamtwerk.

Der Doktor fühlte sich alt, krank, überarbeitet und schwach. Er war am Ende seiner physischen und psychischen Kräfte. Doch er hatte nichts von seiner Ausstrahlung verloren.

Tamara Karren, die ihm in dieser Zeit begegnete, schrieb: *„Er geht langsam, leise, etwas gebeugt, als würde eine Last seine Schultern beschweren und seine Bewegungen hemmen. Wenn er auf Versammelte zukommt, hebt er den Kopf und betrachtet sie seltsam, mit klugen und guten Augen. Sein Lächeln dringt in die Tiefe und die Erinnerung an ihn ist in schwierigen Zeiten des Lebens oft eine Hilfe".*[1]

Korczak dachte daran, ebenfalls nach Palästina auszuwandern. Er dachte, dort vielleicht neue Kraft tanken zu können.

1.) In: Pelz, Monika: Nicht mich will ich retten, S. 130

Doch es war unmöglich, die Kinder mitzunehmen und so gab er den Plan wieder auf.

1922/23 verfasste er dann sein wohl bekanntestes Werk **„König Hänschen"**. Die Geschichte handelt von einem kleinen Thronfolger, einem Kinderkönig, der nach dem Tod seiner Eltern mit Hilfe unterschiedlicher Minister die Regierungsgeschäfte übernehmen muss. Hänschen würde lieber mit den Kindern im Park spielen, aber er muss regieren.

In der Geschichte ist von schlechten Systemen und schlimmen Vorurteilen die Rede und immer wieder wird deutlich, dass Können und Wissen nicht einzig Eigenschaften der Erwachsenen sein müssen.

Das Buch erzählt von den Schwierigkeiten und Ungerechtigkeiten dieser Welt, gibt aber auch Hoffnung auf die Möglichkeit einer besseren Zukunft.

Aufgabe 1: (Zusatzaufgabe)

Schreibt einen Klappentext, eine Zusammenfassung oder fertigt eine Powerpoint-Präsentation zu dem Buch „König Hänschen" an.

Vielleicht sucht ihr euch „Mitarbeiter" und verteilt unterschiedliche Aufgaben unter euch auf?
Je nach Begabung könnten Textabschnitte verfasst, Zeichnungen angefertigt oder Comics zu einzelnen Kapiteln gezeichnet werden. Lasst eurer Fantasie freien Lauf!

Kleine Rollenspiele oder Musikbeiträge könnten die Präsentation noch interessanter gestalten.

Das wäre eine gute, vielseitige und interessante Möglichkeit zur Verbesserung eurer Note!

Der Zweite Weltkrieg beginnt in Polen

Am 1. September 1939 beschoss das Linienschiff Schleswig-Holstein die polnischen Befestigungen auf der Westerplatte vor Danzig. Der Zweite Weltkrieg hatte begonnen. Deutsche Soldaten überrannten Polen und bewegten sich in Richtung Warschau.

Mitte September hatte die Wehrmacht einen Ring um die polnische Hauptstadt geschlossen und die Hauptstadt Polens wurde drei Tage und Nächte lang bombardiert. Als die Bürger Warschaus vor dem Beschuss und den fallenden Bomben voller Angst in den Kellern Schutz suchten, entsann man sich der „Plaudereien des Alten Doktors". Man bat ihn, doch wieder zu den Menschen zu sprechen. Bis zur Schließung des Senders spendete er den Bewohnern, den Erwachsenen wie Kindern, Mut und Trost.

Korczak wusste, man brauchte ihn jetzt und dies stärkte seine Kraft und seinen Einsatzwillen, beides schien in den Monaten zuvor verloren gegangen zu sein.

„Als der Krieg ausbrach und der Kampf begann, lebte er auf. Er war verwandelt in seinem Tatendrang - einem alten Schlachtross gleich - welches das wohlbekannte Wecksignal hört." [1]

Der alte Doktor ermunterte alle polnischen Kinder und Jugendlichen, sich für Vorsorge- und Hilfsarbeiten zur Verfügung zu stellen.

Auch **Stefania Wilczynska kehrte aus Israel zurück. Sie wusste, sie wurde jetzt in Warschau dringender gebraucht als irgendwo anders.**

1.) In: Mortkowicz-Olczakowa, Hanna: Wenn die Wälder brennen, muss man sich an die Rosen erinnern. **Entnommen: Friedhelm Beiner. J. Korczak: Themen seines Lebens,** S. 246

Während die Regierung die Stadt aufgegeben hatte und nach Rumänien geflohen war, forderte Warschaus Bürgermeister, Stefan Starzynsky, die Bevölkerung zum Widerstand auf. Die Stadt kapitulierte am 28. September 1939.

Korczak lief durch die Straßen, verarztete die Verwundeten, sprach ihnen Mut und Trost zu und organisierte den Transport zu den Verwundetenstationen.

Gleichzeitig machte er sich große Sorgen um das Waisenhaus. Durch die Besatzungstruppen wuchs der bereits bestehende Antisemitismus im Land und harte Rationalisierungsmaßnahmen trafen die Polen, vor allem die jüdischen. Der Doktor hatte sich während der Besatzungszeit eine polnische Uniform schneidern lassen. Diese trug er seit dem Einmarsch der Deutschen, um seine Zugehörigkeit zur polnischen Armee (er stand im Range eines Majors) deutlich zu machen. Korczak lehnte es auch ab, die geforderte Armbinde mit dem Judenstern, wie es von den Deutschen angeordnet worden war, zu tragen. Überall in der Stadt, auch dort, wo Juden keinen Zugang mehr hatten, erbat und forderte er Geld und Lebensmittel für sein Waisenhaus. *„Die Kinder sind unsere Zukunft. Ich fordere 100 Zloty für das Waisenhaus. Ich fordere es und bitte nicht darum. Ich werde in den nächsten Tagen das Geld abholen und ich werde keine Absage dulden."*[1]

Janusz Korczak bemühte sich mit all seiner Kraft und Energie, die ihm geblieben waren, für seine Kinder. Er organisierte Lebensmittel, Kohlen, Medikamente und vieles mehr. Gleichzeitig sorgte er dafür, dass die Jugendlichen ihre tägliche Routine beibehielten, dass Ordnung und Disziplin eingehalten wurden. Die Kinder frühstückten gemeinsam, wurden gewogen und gingen weiterhin ihren Pflichten nach. Im Waisenhaus wurde gearbeitet, gelernt, Musik gemacht, gesungen, getanzt und Theater gespielt. Das Haus sollte eine *„Insel im tosenden Meer"* für die Heranwachsenden sein.

Im Keller ließ Korczak einen Luftschutzraum bauen, der auch für Menschen außerhalb des Waisenhauses offen stand.

1.) In: Pelz, Monika:. Nicht mich will ich retten, S. 138

Aufgabe 1: ⦿!★

Informiert euch im historischen Teil dieses Arbeitsheftes über den Angriff auf Polen 1939 und führt in Gruppenarbeit auf einem Plakat die euch wichtig erscheinenden Daten zum Polenfeldzug auf.

22.8. Hitler erklärt der Wehrmacht, dass der Krieg gegen Polen unmittelbar bevorstehe; 23.8. Deutsch-sowjetischer Nichtangriffspakt; Beistandspakt England – Polen; 30.8. etc.

Aufgabe 2: ⦿!★

Wie erklärt ihr euch die Verhaltensänderung Korczaks nach dem Überfall der deutschen Truppen auf Polen?

_____
_____
_____
_____
_____

Umzug ins Ghetto
1940

Janusz Korczak und die Erzieher des Waisenhauses schafften es sogar, mit den 100 Kindern noch einmal die „Sommerkolonien" zu besuchen, was bei der miserablen finanziellen Lage kaum möglich schien. Doch der **„Anwalt der Kinder"** wollte der Not, der Diskriminierung und den vielen Einschränkungen etwas entgegensetzen.

1940 wurde ein Teil der Stadt durch eine 18 km lange und 3 Meter hohe Mauer vom Rest abgetrennt. Das **Ghetto** entstand und die Mauer ging mitten durch die Krochmalna-Straße. Das Waisenhaus lag dabei im sog. *„arischen* Teil".

Unermütlich kämpfte Korczak dafür, dass die Kinder im Waisenhaus in der Krochmalna-Straße bleiben durften. Er verhandelte nach Kräften, schrieb Bittgesuche und schaltete auch den Vorsitzenden des *„Judenrates"*, **Adam Czerniaków**, den er gut kannte, ein. Doch es nutzte nichts! Er musste mit den Kindern das „Dom Sierot" verlassen und ins Ghetto umziehen. Die **Gestapo** erlaubte ihm aber, dass er alle Vorräte des Waisenhauses mitnehmen dürfe.

Am 29. September 1940 verließen Janusz Korczak, **Stefania Wilczynska**, andere Erzieher und alle Kinder das Waisenhaus und zogen in die Chlodna-Straße 33 um, in die „andere Seite" der Stadt. Es war wie ein Wechsel in ein fremdes Land, obwohl die Chlodna-Straße ganz in der Nähe der Krochmalna-Straße lag.

Warschau: Ghettomauer

Das Stadtviertel, in das sie nun zogen, war von der großen hohen Mauer umgeben. Wenn man hinaus oder hinein wollte, musste man streng bewachte Tore passieren und einen Ausweis vorzeigen.

Der Besitz der Waisenhausbewohner wurde auf Fuhrwerke geladen und von ehemaligen Heimbewohnern und dem Personal des „Dom Sierot" ins Ghetto geschoben. Darunter befand sich auch das bei allen Kindern sehr beliebte Hausmeisterehepaar **Zalewski**.

Sie wurden am Ghettotor als „Judenfreunde" beschimpft und der Mann brutal zusammengeschlagen. Beide mussten sofort in den „arischen" Teil der Stadt zurückkehren.

Außerdem wurde beim Einzug ins Ghetto ein großer Wagen mit Kartoffeln beschlagnahmt.

Korczak ging, ohne Armbinde, dafür aber in seiner polnischen Offiziersuniform ins Haus der Gestapo, dem **„Palais Blank"**.

Er wagte sich in die „Höhle des Löwen", an der man als polnischer Jude möglichst weit entfernt vorbeischlich. Er wollte den Kartoffelwagen zurückbekommen.

Ghettoszene

Zunächst war der Gestapobeamte, dem er sein Anliegen vortrug, beeindruckt von dem Auftreten des alten Mannes in Uniform. Doch als dieser ihm erklärte, er sei Jude und nicht willens, die Armbinde zu tragen und die Uniform auszuziehen, wurde Korczak beleidigt, getreten, geschlagen und ins berüchtigte „Pawiak-Gefängnis" geworfen.

Bisher hatte Dr. Korczak geglaubt, die Deutschen würden wie Menschen reagieren, die von einer großen kulturellen, humanistischen Geschichte geprägt wurden. *„Wir haben im Laufe des Jahres weder Unrecht noch Unannehmlichkeiten von Seiten der Deutschen Behörden erlitten"*[1], hatte er noch Anfang des Jahres 1939 voller Zuversicht geschrieben.

Nach dem Verlassen des Gefängnisses hatte er seine Meinung grundlegend geändert. Er war geschlagen und misshandelt worden und wurde nur entlassen, weil ehemalige Zöglinge und Freunde ein hohes Lösegeld an die Gestapo entrichteten. Einen Monat lang war er, während eines eiskalten Dezembers, in einer Gemeinschaftszelle eingesperrt gewesen, gequält worden und kam krank, voller Angst und an einem Stock humpelnd heraus. Jetzt war sein Eindruck: *„Ich fürchte mich vor dem, was passieren kann. Die Deutschen sind zu allem fähig."*[2]

1941 spricht er über sie *„von Mördern und Abschaum der Menschheit"*.

Von nun an musste die Tür zur Straße verschlossen bleiben und die Fenster zur arischen Seite der Stadt hin wurden zugemauert. Die Kinder aber waren glücklich. Pan Doktor, der Mann, der Trost spenden, Geschichten erzählen, Wunden heilen konnte und mit ihnen Theaterstücke einstudierte, war wieder da. Das Leben war wieder lebens- und liebenswert, trotz der traurigen Umstände rings herum.

Korczak und Frau Stefa gelang es, alles zufriedenstellend zu organisieren und den Kindern wieder ein Heim zu geben.

Nach einer Verkleinerung des Ghettos gehörte auch die Chlodna-Straße nicht mehr zum Ghettobezirk. Die Waisenkinder mussten noch einmal umziehen; in die Sienna-Straße 16.

„Im ersten Stock wurden in einem großen Saal mit mehreren Nebenzimmern, die davon abgingen, Speiseraum, Klassenzimmer (obwohl der Unterricht für jüdische Kinder bei Todesstrafe verboten ist), Nähzimmer, Spielzimmer und ein Isolierraum für schwache, kranke Kinder und sogar für Erwachsene eingerichtet."[3] Es gibt eine Bastel-, eine Puppen-, eine Leseecke und einen „Platz der Stille". Ein stabiles Ordnungsgefüge sollte den Kindern größtmögliche Normalität und Sicherheit vermitteln.

Aufgabe 1: ⊙!★

Bitte versetzt euch in die Rolle und Lage der Jugendlichen in Korczaks Waisenhaus. Ihr seid isoliert, werdet gedemütigt, gemobbt und habt Hunger und Durst.

Bitte verfasst und entwerft in Einzel-, Gruppen- oder Partnerarbeit ein Flugblatt, das ihr, in vervielfältigter Form, über die Ghettomauer werfen wollt. Das Flugblatt soll eure verzweifelte Lage deutlich machen und informativ und emotional an die Hilfe der polnischen Mitbewohner eurer Stadt im sog. „arischen" Teil der Stadt appellieren.

1.) SW, Bd. 15. S, 159. Entnommen: Beiner, Friedhelm: J. Korczak: Themen seines Lebens, S.251

2.) In: Zylberberg, Michael: In der Chlodna-Straße 33. IEntnommen: Beiner, F./Ungermann, S. (Hg.): J. Korczak in der Erinnerung, S. 509 u. 519

3.) In: Lewin Aleksander: So war es wirklich..., a.a.O., S. 71. Entnommen: Beiner, Friedhelm J. Korczak: Themen seines Lebens, S.252

Das Warschauer Ghetto

Ghettokind

Das Warschauer Ghetto war völlig überfüllt. Vor dem Krieg hatten hier ca. 80.000 Menschen gelebt. Während der deutschen Besatzung wurden mehr als eine halbe Million Juden auf diesem Raum zusammengepfercht. Bis zu den Deportationen gab es viel zu wenig Wohnraum, die Menschen litten unter mangelnden Hygienemöglichkeiten und es gab viel zu wenige Lebensmittel.

Das Haus in der Sienna-Straße war noch kleiner als das vorhergehende und die Versorgung der Heimbewohner wurde ständig schwieriger. Obwohl Korczak sich unermüdlich um Nahrungsmittel für das Waisenhaus bemühte, gab es immer weniger zu essen. Mit Karren und großen Rucksäcken war er ständig unterwegs, um Lebensmittel zu „organisieren".

So berichteten die verschiedensten Zeitzeugen, dass das Leben in den Waisenhäusern im Vergleich zu den Zuständen im übrigen Ghetto nahezu „paradiesisch" gewesen sei.

1942 jedoch wurden die Bedingungen fast unerträglich. Die Ärztin und Kinderpsychologin Zofia Szymanska beschrieb die Lage folgendermaßen:

„Durch die heißen, engen Straßen des Ghettos schleppen sich menschliche Gespenster. Der Flecktyphus hat schon zehntausende von Opfern dahingerafft, der Hunger noch mehr.
Es gehen eigenartige, entsetzliche Gerüchte um. Man spricht nicht laut darüber, es fallen aber ab und zu ein paar Worte: Öfen - Lager - Liquidierung. Man möchte es nicht glauben, nicht daran denken. Vergessen."[1]

Die Menschen wussten nicht, dass ihre völlige Vernichtung in Treblinka und anderen Todeslagern längst geplant war.

Korczak beschrieb in seinem Ghettotagebuch eine andere Szene: *„Auf dem Gehsteig liegt ein toter Junge. Daneben bessern drei Buben mit einer Schnur ihre Zügel aus. Auf einmal bemerken sie den Daliegenden - und treten ein paar Schritte zurück, ohne ihr Spiel zu unterbrechen."*[2]

Immer mehr Kinder benötigten Platz im Waisenhaus und Korczak nahm so viele auf, wie es eben ging. Verzweifelt bemühte er sich auch um einen Sterbeplatz für die Straßenkinder. Kinder, die vor Kälte, Hunger und Krankheit zum Sterben auf der Straße lagen, die bei ihren „Schmugglergängen" über die Mauer oder unter der Mauer her erwischt und angeschossen wurden oder die die Eltern auf die Straße legten, weil sie nicht für ihre Beerdigung sorgen konnten.

Trotz der sich ständig verschlechternden Bedingungen und der Verdoppelung der Anzahl der Kinder im Waisenhaus kann Korczak die wichtigsten Elemente seines Erziehungssystem bewahren.

Das Lieblingsmärchen der Kinder ist „Der gestiefelte Kater". Die Illusion, alle Mauern und Grenzen überwinden zu können, hilft ihnen, die Wirklichkeit für kurze Zeit ausblenden zu können.

Janusz Korczak

1.) In: Szymanska, Zofia: Den versteinerten Herzen erlag er nicht... Entnommen: Beiner, F./Ungermann, S. (Hg.): J. Korczak in der Erinnerung, a.a.O., S. 525 f
2.) In: Korczak, Janusz: Tagebuch aus dem Warschauer Ghetto 1942, S. 58

Doch selbst 1942 gab es noch Theateraufführungen, Konzerte, Autorenlesungen und wissenschaftliche Vorträge im Warschauer Ghetto. Künstler aus ganz Europa waren ja dort eingesperrt und konnten mit ihrer Kunst die Menschen ein bisschen ablenken und erfreuen. Oft spielten ehemals berühmte jüdische Solisten der Berliner oder Wiener Philharmoniker in den Hinterhöfen der Wohnblocks und die Bewohner warfen dann ein paar Pfennige für sie nach unten.

Janusz Korczak ging es nicht mehr um Erziehungstheorien oder -prinzipien. Er wollte nur noch eins: seine Kinder durch die Kriegs- und Ghettozeit bringen.

Unermüdlich war der alte, abgemagerte, kranke Mann unterwegs, um Lebensmittel, Geld oder Medizin für seine Kinder zu suchen und zu finden. Er litt an einer Herzmuskelschwäche, hatte chronische Kopfschmerzen, in seiner Lunge hatte sich Wasser angesammelt. Er hatte ständig geschwollene Beine.

Sein ganzer Körper schmerzte, wie er seinem Tagebuch anvertraute. Morgens ging er los und spät abends kam er zurück, während „Frau Stefa" die Kinder und das Haus versorgte. Mit einem riesigen Rucksack auf dem Rücken schaffte er die von Freunden, ehemaligen Zöglingen und Institutionen abgegebenen „Schätze" ins Waisenhaus.

An dieser Stelle gibt es erneut eine Möglichkeit, durch eine individuelle **Zusatzaufgabe** die eigene Note aufzubessern. Es wäre gut, alle Themen fänden bei ihrer Bearbeitung Berücksichtigung.

Aufgabe 1: ∞

Die Juden wurden unter der Naziherrschaft systematisch konzentriert, isoliert, dezimiert und schließlich vernichtet. Zu diesem Zweck gab es im Osten Europas, vor allem in Polen, nicht nur das Warschauer Ghetto und das Vernichtungslager Treblinka, sondern noch viele andere dieser grauenvollen Orte.
Recherchiert die Vernichtungslager in Polen und sucht nach einer Form der Präsentation, die diese schrecklichen Plätze eurer Lerngruppe bekannt machen.

Aufgabe 2: ∞

Bereitet ein Kurzreferat oder eine Powerpoint-Präsentation zum „Warschauer Ghetto" vor und informiert damit eure Mitschüler.

Aufgabe 3: ∞

Etwa ein Jahr, nachdem J. Korczak mit seinen Waisenhauskindern nach Treblinka verschleppt worden war, begannen die Juden einen Aufstand im Warschauer Ghetto gegen die deutschen Besatzungstruppen (19. April bis 16. Mai 1943). Sie hielten sich länger, als die gesamte polnische Armee dem Angriff im September 1939 standgehalten hatte. Zu den jüdischen Gründern der Kampforganisationen und führenden Streitern gehörten auch mehrere ehemalige Zöglinge Korczaks. Das Waisenhaus wurde zum Krankenhaus umorganisiert.
Bitte bereitet eine selbst gewählte Präsentationsform zum Ghettoaufstand in Warschau vor.

Der letzte Gang

Im Juli 1942 ließ Korczak ein Theaterstück im Waisenhaus aufführen. Sein Titel war: „Amal und der Brief des Königs".

Es handelt von einem sehr kranken Jungen. Dieser liegt im Bett und darf seine enge, dunkle Kammer nicht verlassen. Vor seinem Fenster sieht er frohe, liebenswerte Menschen und helle, schöne wunderliche Dinge vorbeiziehen.

Der Arzt des Königs tritt an das Bett des Kindes und öffnet das Fenster der Kammer. Der Mond und die Sterne schauen herein und die kühle Nachtluft erfüllt den Raum.

Ein Mädchen mit Blumen und ein Wächter des Königs erklären, dass der Brief des Königs, der das Kind aus seiner Kammer befreien soll, bald kommen werde. Der Junge vertraut den beiden und schläft beruhigt und friedlich für immer ein.

Korczak bereitete die Kinder mit diesem Theaterstück wahrscheinlich auf den möglichen Tod vor.

Ihn selbst versuchten Freunde immer wieder zur Flucht aus dem Ghetto zu überreden oder sich zu verstecken. Eine geheime Wohnung, ein Passierschein durch die Mauer und falsche Papiere warten auf ihn. Der alte Arzt reagierte darauf vor allem traurig und enttäuscht, dass man ihm solch ein Verhalten zutraue. Niemals würde er die Kinder im Stich lassen!

Am 4. August, früh am Morgen, schrieb Korczak die wohl letzte Eintragung in sein Tagebuch:

„Ich begieße die Blumen. Meine Glatze am Fenster - ein gutes Ziel. Er hat einen Karabiner. Warum steht er da und betrachtet mich so friedlich?

Er hat keinen Befehl.

Vielleicht war er im bürgerlichen Leben Dorfschullehrer, vielleicht Notar, Straßenkehrer in Leipzig oder Kellner in Köln?"[1]

Am 5. August 1942, frühmorgens, hallten „gebellte" Befehle und schrille Pfiffe durch die noch ruhige Sienna-Straße. Korczak hatte es nicht geschafft. Die Kinder und ihre Betreuer mussten das Waisenhaus räumen und den Weg zum Umschlagplatz antreten. Zeitzeugen berichten, dass die 200 Kinder ruhig und diszipliniert den Weg zum Bahnhof zurücklegten. Pan Doktor ging an der Spitze des Zuges, an jeder Hand ein Kind. Er war bei ihnen und ihm vertrauten sie.

Vom „Umschlagplatz" aus verließen die Züge Warschau in Richtung Treblinka, dem Todeslager.

Noch am Bahnhof versuchten Freunde Korczak zu retten. Ein Wärter eröffnete ihm, dem in ganz Europa bekannten und berühmten Schriftsteller, Arzt und Pädagogen, dass er nicht in den Zug steigen müsse.

Korczaks wohl letzte mündliche Überlieferung ist:

„Und die Kinder?"

„Die Kinder fahren, aber Sie können gehen"

„Sie irren sich, nicht jeder ist ein Schuft"[2], soll Korczak geantwortet haben und in den bereitstehenden Viehwaggon eingestiegen sein.

Wie hieß es doch bei König Hänschen?

„Schon wusste die ganze Stadt,
dass er tot war.
Das ganze Land
und die ganze Welt."

1.) In: Pelzer, Wolfgang: J. Korczak. ro ro ro Taschenbuch, S. 137
2.) ebenda.

Können wir von Janusz Korczak lernen?

> „Mein Leben war schwierig, doch interessant.
> Um ein solches Leben hatte ich Gott gebeten, als ich jung war."
> J. Korczak Ghettotagebuch

Korczak hat seine Spuren hinterlassen. Überall da, wo Menschen mit Menschen arbeiten, da, wo Beziehungen aufgebaut werden und eine Rolle spielen.

Unter anderem in den Bereichen, den Systemen

KRANKENHAUS

?

JUGEND-FREIZEIT

?

VEREINE

ARBEITSPLATZ

KINDERGARTEN

Derzeit ist es schwer, sich in einer durch die digitalen Medien bestimmten Welt zurechtzufinden, einer Welt voller Katastrophen, Umwelt-, Sicherheits-, Flüchtlings- und Zukunftsproblemen.

Vielleicht gehört viel Mut dazu, nicht wegzuschauen, nicht einfach die Augen zuzumachen und sich den Ungerechtigkeiten, dem Unglück anderer und der Zerstörung unserer Erde zu stellen.

Und - wo soll man anfangen, wenn man etwas beitragen will zu einer besseren Welt?

Zunächst einmal sollte man sich einen Bereich, ein System heraussuchen und sich fragen, ob es einem so gefällt, wie es ist.

Soll z. B. „Schule" so bleiben, wie sie ist? Wie könnte eine bessere Schule aussehen?

Ist das Seniorenheim, in dem der Großvater untergebracht ist, so, dass das Leben lebenswert und schön ist?

Im Verein? Gibt es dort Bereiche, die verbessert werden sollten?

Habt Mut, hinzuschauen und anzupacken! Keiner sagt, dass die Welt bleiben muss, wie sie ist.

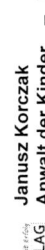

Zur Geschichte Polens
Von der ersten, zweiten und dritten Teilung Polens

Als Janusz Korczak 1878 geboren wurde, existierte kein eigenständiger polnischer Staat.

Das ehemals große polnisch-litauische Reich war im 18. Jahrhundert durch viele kriegerische Verwicklungen und Misswirtschaft wirtschaftlich und militärisch geschwächt und zunehmend zum Spielball der aufstrebenden Nachbarstaaten **Russland, Österreich und Preußen** geworden.

Im Jahre **1772** kam es infolgedessen zur **1. Polnischen Teilung**, als Russland im Osten, Preußen im Westen und Österreich im Süden Teile von Polen **annektierten**, d. h. widerrechtlich in Besitz nahmen.

Damals gab es noch kein Völkerrecht und es galt das Recht des Stärkeren. Polen war zu schwach, um sich zu wehren. Deshalb kam es dort zu Reformbestrebungen, die im Jahre 1791 zur ersten geschriebenen Verfassung in Europa führten – noch vor Frankreich!

Diese sah eine weitgehende Beschneidung der Privilegien des Adels vor, woraufhin dieser sich an die russische Zarin, **Katharina die Große**, wandte, um sich Unterstützung bei der Abwehr dieser Reformen zu holen.

Für Katharina war das natürlich ein willkommener Anlass, um sich in die Innenpolitik Polens einzumischen. Sie nutzte diese Gelegenheit, um nach Absprache mit Österreich und Preußen **1793** die **2. Polnische Teilung** zu vereinbaren und sich weitere Gebiete Polens einzuverleiben.

Gegen diese Ungerechtigkeit wehrten sich die Polen massiv und es kam im Jahre **1794** zu einem großen Aufstand, der jedoch letztlich von den Großmächten niedergeschlagen wurde und **1795** zur **3. Polnischen Teilung** führte, die das Ende des polnischen Staates bedeutete und die verbliebenen Ländereien den drei Nachbarstaaten zuwies.

1797 vereinbarten die Teilungsmächte sogar, den Namen „Polen" abzuschaffen.

Diese Maßnahmen bewirkten jedoch ein Paradoxon (etwas, das einen Widerspruch in sich enthält), denn für Polen begann die Bewusstwerdung als Nation mit dem Verlust der staatlichen Eigenständigkeit. Im Widerstand gegen ihre Unterdrücker entwickelten die Polen ein vorher nicht gekanntes Zusammengehörigkeitsgefühl. In dieser Zeit entstand auch das Kampflied **„Noch ist Polen nicht verloren"**, das später als Dabrowski-Marsch **Nationalhymne** wurde.

Diese Nichtstaatlichkeit wurde einige Jahre später von **Napoleon** wieder aufgehoben. Nach seinen Siegen über Preußen und Österreich schuf er **1807** bei seiner Neuordnung Europas unter anderem auch das Großherzogtum Polen. Die ehemals von Russland annektierten Gebiete gehörten jedoch weiterhin zu diesem Land.

Nach der Niederlage Napoleons wurde die polnische Frage **1814/15** auf dem **Wiener Kongress** von den Siegermächten erneut diskutiert. Polnische Delegierte waren bei den Verhandlungen nicht vertreten, zumal sie auf der Seite Napoleons gekämpft hatten und als Verlierer nicht eingeladen worden waren.

Obwohl die Niederlagen gegen Napoleon liberale Reformen und ein neues Denken in Österreich und Preußen bewirkt hatten, lehnten letztlich alle Siegermächte einen eigenständigen polnischen Staat ab.

In der Schlussakte des „Wiener Kongresses" vom 9. Juni 1815 wurde Polen in sechs Gebiete aufgeteilt: Gubernien wurde fester Bestandteil Russlands, das Königreich Polen kam in eine Personalunion mit Russland (der russische Zar war gleichzeitig König von Polen) – auch **„Kongresspolen"** genannt, das Königreich Galizien wurde Österreich-Ungarn angegliedert, Westpreußen wurde zu einer preußischen Provinz, das Großherzogtum Posen wurde unter die Kontrolle Preußens gestellt und Krakau wurde (unter Aufsicht aller Siegermächte) zur freien Stadt erklärt.

Mit der Schlussakte des Wiener Kongresses war das Ende des polnischen Staates besiegelt und die Polen waren von nun an entweder Untertanen des Zaren von Russland oder der Kaiserin von Österreich-Ungarn oder des Königs von Preußen.

Die katholische Kirche als Bewahrerin der polnischen Idee

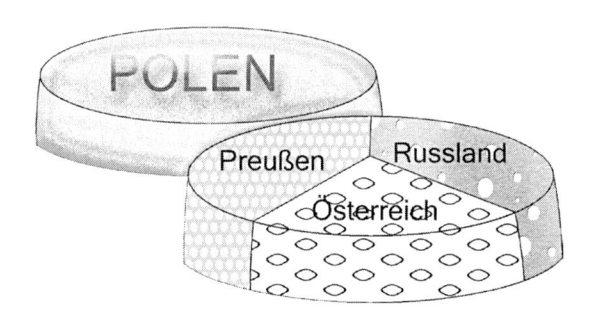

Die Hoffnungen der Polen auf einen eigenen Staat waren damit zunichte gemacht worden. Zwar wurde die Einheit der polnischen Nation durch Sprache und Freihandel in den ehemals polnischen Gebieten zugesichert, aber diese anfangs liberal und *humanistisch* gedachten Pläne gerieten schon bald in Vergessenheit.

Die Notwendigkeit einer innenpolitischen **Modernisierung in Russland** war von vielen fortschrittlich denkenden Menschen erkannt worden und sie forderten als ersten Schritt die Umgestaltung der absolutistischen Monarchie zu einer konstitutionellen Monarchie. Im Großfürstentum Finnland und in Kongresspolen – beide zu Russland gehörig – gab es schon Verfassungen, die als Vorbild hätten dienen können. Als sich auch der neu eingesetzte Zar Nikolai I. (1825-1855) den neuen Ideen verweigerte, wagten im Dezember **1825** einige Offiziere den sogenannten **„Dekabristenaufstand"**, der jedoch niedergeschlagen wurde.

Auch die Polen litten unter der *reaktionären* Politik des Zaren. Auf dem Wiener Kongress war Kongresspolen ein eigenes Parlament **(Sejm)** und ein eigenständiges Verwaltungs- und Schulsystem zugestanden worden. Als der Zar, der die polnische Verfassung ablehnte, 1830 die konstitutionellen Rechte und Freiheiten beschränken wollte, wehrten sich die polnischen Adligen und Bürger und wagten – ermutigt durch die Julirevolution in Frankreich – im November 1830 den Aufstand, in dessen Verlauf der Sejm im Januar 1831 den Zar als polnischen König absetzte. Dieser Versuch, die polnische Souveränität wiederherzustellen, scheiterte jedoch. Die Aufständischen wurden von der russischen Armee geschlagen und mussten nach Preußen fliehen.

Der Forderung des Zaren an Preußen, diese an Russland auszuliefern, wurde jedoch nicht Folge geleistet. Es entstand vielmehr in Preußen und ganz Europa eine Solidaritätswelle mit den Polen – auf dem Hambacher Fest 1832 zum Beispiel wurde die polnische Frage zu einem Hauptthema.

Der Wunsch nach einem eigenen polnischen Staat blieb auch in der Folgezeit ungebrochen und **die Katholische Kirche** wurde zunehmend zur Bewahrerin der polnischen Idee, da politische Aktivitäten in der Öffentlichkeit streng verboten waren.

Bei der Thronbesteigung des neuen Zaren Alexander II. (1855-1881) begannen die Polen sich wieder Hoffnungen auf mehr Eigenständigkeit zu machen. Nach dem verlorenen Krimkrieg (1853-1856) leitete er Reformen ein, die den russischen Staat modernisieren und gerechter machen sollten.

1861 Aufhebung der Leibeigenschaft, 1864 Reformen im Justizwesen (Gleichheit vor dem Gesetz, Unabhängigkeit der Richter), im Schulwesen (1863/64) und der kommunalen Selbstverwaltung, Einführung der allgemeinen Wehrpflicht für 6 Jahre! Diese Neuerungen bedeuteten einen großen Fortschritt, die Einberufung eines Parlaments lehnte der Zar aber weiterhin ab – die Duma wurde erst im Jahre 1905 eingeführt.

Die Polen profitierten von diesen Liberalisierungstendenzen jedoch nicht und als sie 1863 gegen die noch vom Zar Nikolai I. eingeleitete Russifizierungspolitik protestierten und sogar einen erneuten Aufstand wagten, reagierte die russische Obrigkeit mit harten Strafmaßnahmen und einer noch intensiveren Russifizierungspolitik (u. a. Unterricht nur noch in Russisch, Umsiedlungen), die die polnischen Sonderrechte bis 1874 nahezu vollständig aufhob.

Der Begriff „Polen" wurde durch die Bezeichnung „Weichselgouvernement" ersetzt, die Universität Warschau aufgehoben und die polnischen Verwaltungseinrichtungen wurden durch Russen besetzt. Rund 14000 polnische Beamte wurden entlassen.

Der beim Aufstand erkennbar gewordene polnische Protest wurde fast ausschließlich vom Bürgertum und dem Adel getragen. Die Bauernschaft (über 80 % der Bevölkerung) hingegen verhielt sich weitgehend unpolitisch.

Polen zur Zeit der Geburt Janusz Korczaks

Um den Widerstand der Polen auch in der Folgezeit zu brechen, hob das russische Militär in Kongresspolen mehrere Regimenter aus, d.h. potenzielle politische Widerständler wurden einfach *zwangsrekrutiert*. Viele junge Männer kamen dieser Maßnahme jedoch zuvor und flohen in die Wälder, von wo aus sie einen Widerstand gegen die russische Besatzungsmacht organisierten.

Die russische Obrigkeit versuchte mit allen Mitteln, die politischen Aktivitäten im Untergrund zu unterbinden. Als besonders gefährlich für die Oppositionellen erwies sich die 1881 nach der Ermordung von Alexander II. eingerichtete politische Polizei, die „Ochrana".

Generell lässt sich *konstatieren*, dass Ende des 19. Jahrhunderts die meisten Polen immer noch die Sehnsucht nach einem eigenen Staat in ihren Herzen trugen und alle Repressalien letztlich nur bewirkten, dass das polnische Nationalbewusstsein stärker wurde.

Das war die Situation, in die Janusz Korczak hineingeboren wurde. Aber Korczak war nicht nur Pole, sondern – und das war noch wichtiger für seine Biografie – auch jüdischen Glaubens.

Warum ist das wichtig? Nun ja, heutzutage sollte es allen Menschen egal sein, was der andere glaubt, denn Glaube ist Privatsache und zudem besteht bei uns Religionsfreiheit.

In Polen waren die Menschen im 19. Jahrhundert jedoch sehr gläubig und fast alle waren katholisch-christlichen Glaubens. Nur ein kleiner Teil der Bevölkerung waren Juden und wurde von den Christen als fremdartig wahrgenommen. Schon seit dem Mittelalter lehnte man sie mehr oder weniger offen ab.

Schon vor dem 17. Jahrhundert hatten viele Juden in Polen-Litauen eine neue Heimat gefunden – ungefähr zwei Drittel aller europäischen Juden lebten zu der Zeit dort. In Krisenzeiten wurden die Juden jedoch immer wieder zu **Sündenböcken** gemacht und in Polen-Litauen kam es 1648 zu einem verheerenden Pogrom gegen die Juden. Schätzungen zufolge sollen bei den Gräueltaten Zehntausende zu Tode gekommen sein.

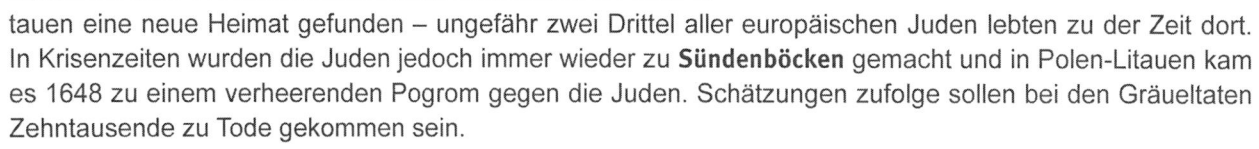

Pogrom – Der Begriff kommt aus dem Russischen und kann mit „Verwüstung" übersetzt werden. Es meint: gewaltsame Ausschreitungen gegen nationale, ethnische und religiöse Minderheiten.

Viele Juden flohen weiter Richtung Westen, die meisten jedoch blieben in ihrer eigenen kleinen „**Welt der Schtetl**" – Stadtgemeinden mit 1000 bis 15000 jüdischen Einwohnern. Ein anderer kleiner Teil lebte in den Städten in ihnen zugewiesenen Stadtteilen – später **Ghettos** genannt.

In der Folgezeit spielten die Juden im 17. und 18. Jahrhundert eine wichtige Rolle für die wirtschaftliche und kulturelle Entwicklung des Königreichs Polen–Litauen, blieben aber trotzdem Außenseiter in der Gesellschaft.

Erst mit den Teilungen Polens wurden Juden zu russischen Untertanen. Bis dahin war ihnen die Ansiedlung im Zarenreich verboten und auch danach durften sie sich nur in einem „Ansiedlungsbereich" im Westen des Reiches von Litauen, Weißrussland und der Ukraine bis zum Schwarzen Meer niederlassen.

armes Schtetl in Osteuropa

Zur Rolle der Juden in Polen
in der zweiten Hälfte des 19. Jahrhunderts

Ende des 19. Jahrhunderts lebte ungefähr die Hälfte der jüdischen Weltbevölkerung in Russland. Die meisten von ihnen waren bettelarm und lebten abgeschieden in ihren eigenen Ortschaften streng nach der jüdischen Religion. Lediglich eine kleine jüdische Oberschicht hatte es in den Städten geschafft, zu Wohlstand zu kommen und in der Gesellschaft akzeptiert zu werden.

Der sich in ganz Europa im 19. Jahrhundert entwickelnde Nationalismus beförderte in allen Ländern den *latenten* Antisemitismus. Als nach der Ermordung Alexanders II. das Gerücht die Runde machte, dass daran auch eine Jüdin beteiligt gewesen sein sollte, kam es bis 1884 in Russland zu einer Pogromwelle im ganzen Land, in deren Verlauf viele Juden getötet wurden.

Antisemitismus – eine bestimmte Wahrnehmung von Juden, die sich im Extremfall als Hass gegenüber den Juden ausdrücken kann. Der Antisemitismus richtet sich in Wort oder Tat gegen jüdische Einzelpersonen und/oder deren Eigentum, sowie gegen jüdische Gemeindeinstitutionen oder religiöse Einrichtungen.

Die wachsende Zahl der Pogrome löste innerhalb des russischen Judentums einen ideologischen Wandel aus. 1882 forderte **Leon Pinsker**, ein Arzt und Publizist aus Odessa, die **Selbstemanzipation der Juden als Nation**, die **Theodor Herzl** 1896 in seiner Schrift „Der Judenstaat" konkretisiert.

Damit war der **Zionismus** in Reaktion auf den in allen Staaten Europas stärker werdenden Nationalismus geboren. Diese Idee führte letztlich nach dem Zweiten Weltkrieg zur Gründung des Staates Israel.

Zeitgleich mit diesem neuen Denken wanderten Hunderttausende Juden aus Russland aus und suchten ihr Glück im Westen, insbesondere **in den USA**.

1890 wurden die Judengesetze verschärft. Juden, die die russische Staatsangehörigkeit nicht nachweisen konnten, sollten ausgewiesen werden und alle, die außerhalb des Ansiedlungskorridors im Westen wohnten, sollten in die Ghettos umgesiedelt werden.

Die Situation, in die Janusz hineingeboren wurde, war demnach alles andere als judenfreundlich, obwohl seine Familie der Oberschicht Warschaus angehörte und durchaus privilegiert war.

Ab Mitte des 19. Jhdts. setzte im Warschauer Raum eine langsame, aber stetige **Industrialisierung** ein, in deren Verlauf die Einwohnerzahlen von Warschau (im Jahr 1850: 160 000 Einwohner, im Jahr 1910: 856 000 Einwohner) und in Lodz (im Jahr 1858: 40 000 Einwohner, im Jahr 1897: 320 000 Einwohner) rapide zunahmen.

Diese **Urbanisierung** bewirkte die Entstehung einer proletarischen Unterschicht. Große Teile der Arbeiter und der Bauernschaft lebten in kaum vorstellbarer Armut mit äußerst schlechten Wohn- und Lebensverhältnissen.

Die Hoffnungslosigkeit des Lebens in den Armenvierteln und insbesondere das Elend und die Perspektivlosigkeit der Kinder bewegte den jungen Medizinstudenten Janucz Korczak so sehr, dass er sich entschloss, ihnen zu helfen, zumal der Staat nichts unternahm, um die Lebensbedingungen zu verbessern.

Unterstützung fanden er und damit die arme Bevölkerung durch die **„Warschauer Wohltätigkeitsgesellschaft"**. Es gab z. B. die *„Gesellschaft der Kinderfreunde"*, *„die Hygienische Gesellschaft"*, die **„Hilfe für die Waisen"** oder die **„Gesellschaft für Sommerkolonien"**.

Der Historiker Hans Roos berichtet von einer „Tradition gesellschaftlicher Selbsthilfe"[1] in Polen. U. a. wurden Schulen, Waisenhäuser oder auch Büchereien mit Hilfe dieser Organisationen finanziert.

1.) Entnommen: Pelz, Monika: Nicht mich will ich retten, S. 63

Die Warschauer „Wohltätigkeitsgesellschaft"
und politische Gruppierungen als Reaktionen auf die Soziale Frage

Die Zuwendungen waren allerdings abhängig von reichen Mäzenen und Familien. Doch ohne diese Organisationen wäre die Not der Armen, vor allem die der Kinder, noch sehr viel größer gewesen, und so mussten diese Abhängigkeiten in Kauf genommen werden. Auch Korczak war davon betroffen und litt sehr darunter.

Zwischenzeitlich hatten sich in Warschau und Lodz auch **politische Gruppierungen**, die sich der Sache der Armen annahmen, gebildet.

Einer der führenden Köpfe, **Joseph Pilsudski**, wurde schon in den 1880er Jahren wegen „Verschwörung gegen den Zaren" nach Sibirien verbannt. Nach Verbüßung seiner Strafe gründete er **1892** im Exil in Paris die polnische **„Sozialistische Partei"**, deren Ziel es war, die Situation der Armen zu verbessern und Polen von der russischen Herrschaft zu befreien und wieder zu einem selbstständigen und sozialerem Staat zu machen.

1894 gründeten **Rosa Luxemburg** und **Julian Marchlewski** die **„Sozialdemokratie des Königreichs Polen"**.

Letztlich führte die Massenarmut in Verbindung mit der ungelösten polnisch-russischen Frage 1896 zu lokalen Aufständen, die nur mit Mühe unterdrückt werden konnten.

Als am 22. Januar **1905** in Petersburg **die erste russische Revolution** begann, sahen die polnischen Revolutionäre eine neue Chance, ihre Forderungen durchzusetzen, und versuchten erneut den Aufstand.

Aber auch diesmal wurden alle Unruhen durch massiven Militäreinsatz und Reformversprechungen nach kurzer Zeit niedergeschlagen. Viele Aufständische mussten in die angrenzenden Länder fliehen, um dort auf die nächste Gelegenheit zur Revolution zu warten. Diese sollte aber erst nach dem Ersten Weltkrieg gelingen.

Die Juden in Polen waren aufgrund ihrer Erfahrungen in den 1880er Jahren zunehmend antirussisch eingestellt, denn nicht nur die staatlichen Institutionen, sondern auch die russische Bevölkerung verhielten sich ihnen gegenüber sehr feindselig.

Im Januar 1891 wurden in Kiew wegen „unberechtigten Aufenthalts" Hunderte Juden verhaftet, enteignet und in Ghettos deportiert. Im gleichen Jahr mussten aus dem gleichen Grund 10.000 jüdische Handwerker Moskau verlassen.

Die Juden besinnen sich
ihrer eigenen Identität

Der sich in der Folgezeit verstärkende Antisemitismus führte Ostern 1903 in **Kischinew** zu einem Pogrom, in dessen Verlauf viele Juden erschlagen, schwangere Frauen verprügelt und Kleinkinder grausam misshandelt würden.

Zu dieser Zeit machte die antisemitische Hetzschrift **„Die Protokolle der Weisen von Zion"** die Runde, in der von einer angeblichen „jüdischen Weltherrschaft" die Rede war. Sie legitimierte quasi die antijüdische Stimmung sowohl in der polnischen als auch der russischen Bevölkerung und die *Agitation* rechtsextremer, nationalistischer Gruppen. Es war kein Zufall, dass nach dem **„Russisch-Japanischen Krieg" (1904/1905)** die Zahl der Gewalttaten gegen die Juden deutlich anstieg.

Spätestens seit der Jahrhundertwende war bei vielen Juden ein Umdenken erfolgt. In den Kreisen der gebildeten Juden in den Städten war lange der Gedanke einer Assimilation mit den Polen diskutiert und favorisiert worden.

Angesichts der vielen antisemitischen Aktionen hatten sich viele von diesen Überlegungen distanziert und dem Zionismus zugewandt. **Sie begannen sich auf ihre eigene jüdische Identität zu besinnen und zu definieren, was das Judentum ausmacht.** Diese Neuentdeckung der eigenen Werte bewirkte ein neues Selbstbewusstsein und beförderte einen vorher nicht gekannten jüdischen Nationalismus. Die Vorstellung der Auswanderung nach Palästina war zwar noch eine ferne Utopie, aber die polnischen Juden in den Städten begannen selbstbewusster für ihre Interessen einzutreten.

Viele Juden hatten jedoch angesichts der bedrängten Situation in Russland die Hoffnung auf ein friedliches Leben aufgegeben und flohen aus der Heimat, um in den **USA** ein neues Leben ohne Verfolgung zu beginnen.

Bis 1914 wanderten 2,5 Millionen osteuropäische Juden aus, davon über 80 Prozent nach Amerika. Nur 3 Prozent siedelten als erste Pioniere des Zionismus in Palästina.

Präsident Theodore Roosevelt appelliert an den russischen Zar Nicolas II, die Unterdrückung der russischen Juden zu beenden.

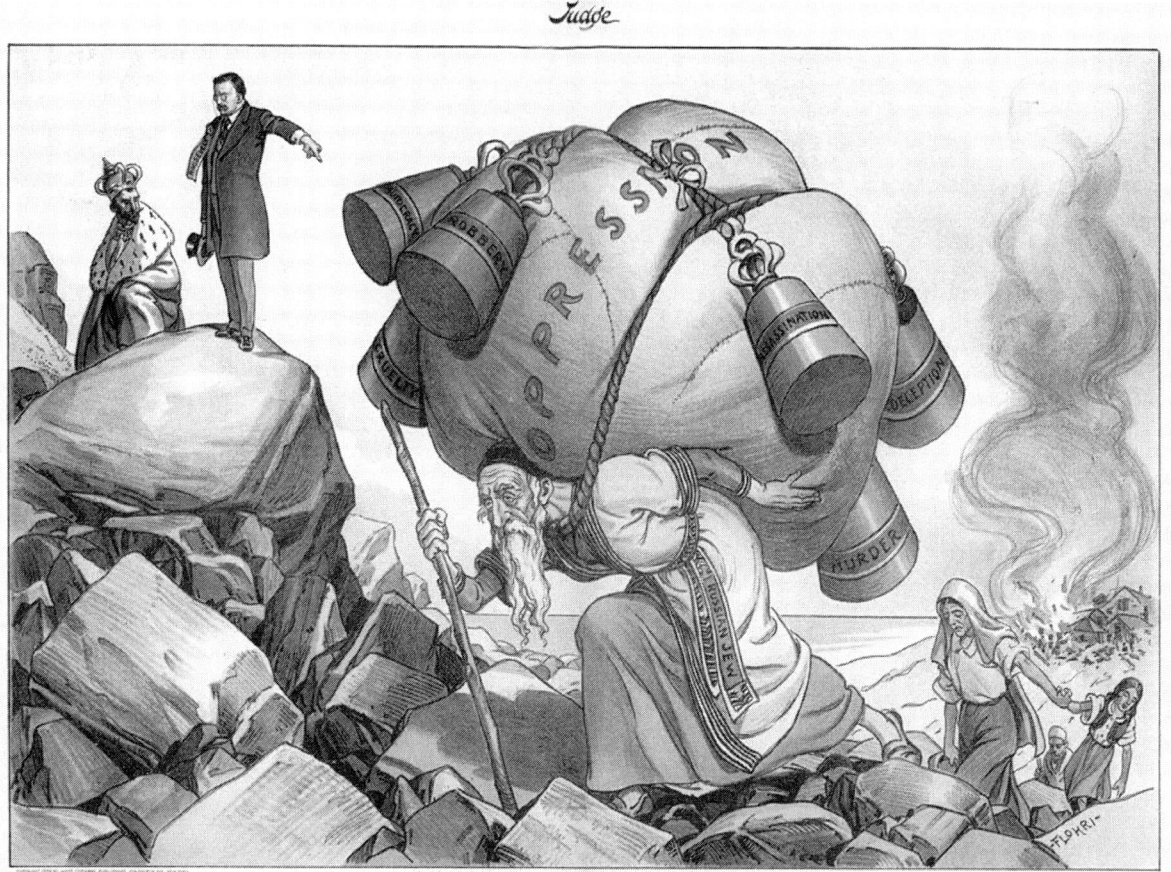

STOP YOUR CRUEL OPPRESSION OF THE JEWS.

Die Zeit des Ersten Weltkriegs

Der Erste Weltkrieg veränderte alles!

Er brachte allen Menschen in Europa unsägliches Leid und existentielle Not.

Mehr als 8 Millionen Menschen starben, davon allein in Russland 1,8 Millionen. Hinzu kamen allein dort noch knapp 5 Millionen Verwundete und 2,5 Millionen Gefangene und Vermisste.

Die Urkatastrophe des 20. Jahrhunderts fegte über Europa hinweg und warf die Monarchien auf den Trümmerhaufen der Geschichte.

Der Zar wurde schon 1917 durch die bolschewistische Revolution zunächst entmachtet und während der Revolutionswirren zusammen mit seiner Familie ermordet. Nach der Niederlage der Mittelmächte musste der deutsche Kaiser Wilhelm II. am 9. November abdanken und nach Holland fliehen und auch der österreichische Kaiser Karl I. unterzeichnete am 11. November seinen Rücktritt.

Durch dieses Machtvakuum war in den drei Staaten der Weg frei für eine Republik. In Russland versuchten **Lenin mit den Bolschwiki** eine sozialistische Republik zu installieren und in Deutschland und Österreich wurden parlamentarische Republiken ausgerufen.

Auch Polen wurde quasi über Nacht frei und selbstständig. Am 11. November 1918 übernahm Josef Pilsudski mit Einverständnis der Siegermächte das Ministerpräsidentenamt. Dieser Tag war der Beginn des eigenständigen polnischen Staates. Hinsichtlich der Grenzen und der Organisation des neuen Staates gingen die Meinungen innerhalb Polens jedoch weit auseinander.

Drei große Gruppierungen – zunächst die Nationaldemokraten und die Sozialisten und etwas später auch die Bauernschaft stritten um den richtigen Weg.

Pilsudski war die führende Kraft in der Polnischen Sozialistischen Partei (PPS), aber ein entschiedener Gegner des Leninismus. Er hatte seinen Rückhalt vor allem in den österreichischen und russischen Teilen Polens. Sein Gegenspieler bei den Nationaldemokraten war **Roman Dmoswki**, der im preußischen Teil viele national gesinnte, katholische Polen um sich versammelt hatte.

Zu Beginn des Kriegs war das erklärte Ziel der beiden die Wiederherstellung eines selbstständigen Polens. Pilsudski hoffte auf die Hilfe der Deutschen, Dmoswki hingegen auf die Unterstützung Russlands. Nachdem die Mittelmächte 1915 bei ihrem Vormarsch Kongresspolen erobert hatten, *proklamierten* sie am 5.11.1916 die Neugründung des Königreichs Polen mit einem dreiköpfigen polnischen Staatsrat unter Leitung von Pilsudski. Doch schon am 22.7.1917 wurde er verhaftet, weil er Anweisungen der Mittelmächte unterlief, zumal diese sein Ziel eines polnischen Staates nicht genügend unterstützten.

Dmowski hingegen hatte sich zwischenzeitlich schon 1915 nach Paris abgesetzt und 1917 in Lausanne das Polnische Nationalkomitee mit Sitz in Paris gegründet. Diese Exilregierung versuchte von dort aus Werbung für die polnische Sache zu machen und hatte auch Erfolg, denn der amerikanische Präsident Wilson forderte im Januar 1918 in seinen berühmten 14 Punkten die Errichtung eines unabhängigen polnischen Staates.

Bei Kriegsende war die wirtschaftliche Lage in Polen katastrophal. Die Infrastruktur war zu großen Teilen zerstört und die Erträge aus Industrie und Landwirtschaft hatten sich im Vergleich zu 1914 halbiert.

Im polnischen Gebiet gab es fünf Währungen, die letztlich die Inflation beschleunigten. Zudem gab es mehrere Amtssprachen und Rechtssysteme, von einem organisierten Schulsystem ganz zu schweigen.

Janusz Korczak

Pilsudski, die führende Kraft in Polen

Die offene Grenzfrage wurde durch mehrere Kriege (Kriege gegen die Sowjetunion [1919-1921], gegen Litauen [1920] und gegen die Ukraine [1918-1919]) geklärt. Dabei wurde das Gebiet Polens sogar noch über die Grenzen Polens von 1772 – das ursprüngliche Ziel Pilsudskis und Dmowskis – hinaus ausgedehnt.

1921 lebten in Polen ungefähr 19 Millionen Polen, 4 Millionen Ukrainer, 2 Millionen Juden, je eine Million Deutsche und Weißrussen sowie kleinere Gruppen von Russen, Litauern und Tschechen. Andererseits lebten 1,5 Millionen Polen in Deutschland und 2 Millionen in der Sowjetunion.

Im Januar 1919 wurde zum ersten Mal gewählt. Obwohl die bürgerlichen Parteien die Mehrheit im Sejm, dem polnischen Parlament, hatten, wurde Pilsudski in seinem Amt bestätigt. 1921 wurde die sogenannte **„Märzverfassung"** proklamiert.

Nach den Wahlen im November 1922 wurde Pilsudski abgelöst. In der Folgezeit widmete er sich vornehmlich militärischen Aufgaben, zog sich aber nach politischen Streitereien 1923 in sein Privatleben zurück. Der neue Präsident Gabriel Narutiwicz wurde jedoch schon nach einer Woche erschossen.

In den folgenden Jahren kam es infolge der zunehmenden Inflation und der schlechten wirtschaftlichen Entwicklung zu einer Verschlechterung der sozialen Situation in den Städten und auf dem Land. Die daraus resultierenden Streiks wurden von der Armee unter Inkaufnahme von vielen Toten mit Waffengewalt „befriedet".

Angesichts dieser bedrohlichen Entwicklung unternahm Pilsudski am 12. Mai 1926 einen Staatsstreich, indem er mit 15 Regimentern nach Warschau marschierte und die Regierung zum Rücktritt zwang. Bei den Kämpfen gegen die zur Verteidigung des Parlaments aufmarschierten Regierungstruppen kamen 379 Personen zu Tode.

Im Anschluss wählte das Parlament Pilsudski zum Präsidenten, was dieser aber ablehnte. Als Verteidigungsminister spielte er aber auch weiterhin eine zentrale Rolle und galt bis zu seinem Tod 1935 als der wirkliche Staatschef Polens.

Schtetl in Osteuropa

Die Situation der polnischen Juden verschlechterte sich durch die Mangelsituation im Krieg beträchtlich. Sie litten besonders unter den kriegerischen Verwicklungen nach 1918, zumal es in diesen unübersichtlichen Zeiten an verschiedenen Orten zu Pogromen kam, die sowohl von den Polen und Russen als auch von den Ukrainern initiiert worden waren.

US-Präsident Woodrow Wilson sah sich im Frühjahr 1919 aufgrund dessen veranlasst, die Vorfälle von einer offiziellen Kommission vor Ort untersuchen zu lassen.

Auf Wilsons Bestreben hin wurde in dem am 28.6.1919 verabschiedeten Versailler Vertrag ein besonderer Minderheitenschutzvertrag aufgenommen. 1921 gestand die polnische Märzverfassung den Juden gleiche Bürgerrechte zu und garantierte ihnen religiöse Toleranz.

Die offensichtliche und teilweise selbstgewollte Abgrenzung der Juden von der polnischen Bevölkerung bewirkte, dass sie von diesen nicht als ‚echte Polen' akzeptiert wurden. Diese Wahrnehmung wurde noch dadurch verstärkt, dass 85% der Juden als Muttersprache jiddisch oder hebräisch angaben.

Verstärkung der Spannungen zwischen christlichen und jüdischen Polen

Dies hatte zwangsläufig zur Folge, dass sie von den Polen zunehmend kritischer gesehen wurden. Die Judendiskriminierung hielt sich aber während der Herrschaft Pilsudskis noch in Grenzen, da er sich dem Antisemitismus deutlich widersetzte.

Nach dem Tod Pilsudskis im Mai 1935 kam das Lager der Nationalen Einheit an die Macht und die Stimmung in der Öffentlichkeit wurde offen antisemitisch. Allein zwischen 1935 und 1937 kam es zu mehreren Hundert antisemitischen Aktionen, wobei 79 Juden getötet und 500 verletzt wurden. Zudem kam es vermehrt zu Plünderungen jüdischer Geschäfte.

Die allgemein schwierige wirtschaftliche Situation traf die jüdische Bevölkerung noch wesentlich härter als die Polen und mehr als die Hälfte lebte in äußerst ärmlichen Verhältnissen.

Während sich ab 1935 innenpolitisch die Spannungen zwischen den christlichen und den jüdischen Polen verstärkten, bauten sich außenpolitisch zunehmend dunkle Wolken auf, die für alle Polen von existenzieller Bedeutung werden sollten.

Die beiden totalitären Staaten im Osten und im Westen hatten sich mit der Neugründung des Staates Polen nie wirklich anfreunden können. Durch den Ersten Weltkrieg waren sie aber zunächst so geschwächt und außenpolitisch isoliert, dass sie von sich aus an der gegebenen Situation nichts ändern konnten.

Die kommunistische Sowjetunion unter Stalin und das faschistische Deutschland unter Hitler waren zwar ideologische Todfeinde, sich in der Polenfrage aber einig. Polen sollte baldmöglichst wieder von der Landkarte verschwinden.

Bezeichnend für diese antipolnische Haltung in der deutschen Reichswehr ist der sogenannte **Seeckt-Plan** vom **11.9.1922**, in dem unmissverständlich die Zerstörung Polens in Absprache mit Russland gefordert wurde. Diese Überlegungen hatten jedoch zunächst nur mittelbar Einfluss auf die Politik der Weimarer Republik gegenüber Polen, die geprägt war von gegenseitigem Misstrauen.

Nach **Hitlers „Machtübernahme" Ende Januar 1933** änderte sich die deutsche Außenpolitik zunächst in überraschender Weise.

In seinem Buch „Mein Kampf" hatte Hitler schon früh seine außenpolitischen Überlegungen konkretisiert, die eine Unterwerfung Osteuropas zum Ziel hatten. Dennoch hatte Hitler in der Anfangsphase seiner Herrschaft noch mit dem Gedanken gespielt, zusammen mit den Polen gegen die Sowjetunion zu marschieren und also am 26.1.1934 einen Nichtangriffspakt mit Polen (gekündigt 28.4.1939) geschlossen. Dieser stand zwar in krassem Widerspruch zu seinem propagierten Ziel vom „Lebensraum im Osten", war aber letztlich auch ein Zeichen für seinen außenpolitischen *Pragmatismus*. Inwieweit dieser Vertrag ernst gemeint oder ein taktisches Manöver war, ist bis heute umstritten.

Die **1934** beginnende **Wiederaufrüstung**, die ein Affront gegen die Bestimmungen des Versailler Vertrages war, bewirkte ein neues außenpolitisches Selbstbewusstsein der Deutschen und Hitler gelang es aufgrund der Passivität der Westmächte, die Bestimmungen des Vertrages Stück für Stück zu revidieren.

Janusz Korczak

Der Zweite Weltkrieg beginnt

Im August 1936 wurde in einer geheimen Denkschrift, die für den mittelfristigen Kriegswillen Hitlers steht, festgehalten, dass innerhalb von vier Jahren die deutsche Armee einsatzbereit und die deutsche Wirtschaft „kriegsfähig" sein müsste.

Der in der Folgezeit von Hitler gegenüber den Siegermächten immer wieder erhobene Anspruch, dass Deutschland das Recht habe, alle Deutschen **„heim ins Reich"** holen zu dürfen, wurde von diesen aufgrund ihres schlechten Gewissens bezüglich des Versailler Vertrages und ihrer auf Pazifismus angelegten Politik toleriert.

Nachdem schon 1935 **das Saarland** durch eine Volksabstimmung in Deutschland eingegliedert worden war, schien auch **der Anschluss Österreichs** im März 1938 legitim. Die Eingliederung der Sudetendeutschen stieß jedoch auf den Widerstand der Westmächte und erst nach dem Münchener Abkommen vom 30. September 1938 konnten die Deutschen am 1. Oktober ins **Sudetenland** im Norden der Tschechoslowakei einmarschieren.

Chamberlain, Daladier und Mussolini mussten der Tschechoslowakei allerdings als Gegenleistung eine Beistandsgarantie im Falle einer militärischen Invasion Hitler-Deutschlands geben.

Hitler hielt aber an seiner auf Krieg ausgerichteten Politik fest und versuchte die ganze Tschechoslowakei unter seine Herrschaft zu bringen.

Um die angesichts dieser Entwicklung beunruhigten Polen zu beschwichtigen, bot der deutsche **Außenminister Ribbentrop** der polnischen Regierung eine Garantie der Westgrenze Polens an, wenn sie auf **Danzig** verzichten würden. Polen verhielt sich jedoch abwartend und versuchte anstelle dessen die bestehenden Verbindungen zu den Westmächten zu intensivieren.

Nach der Besetzung Prags im März 1939, die aller Welt zeigte, dass Hitler nicht mehr am Frieden interessiert war und eindeutig auf Krieg aus war, sahen die Westmächte ein, dass ihre **„Appeasement-Politik"** gescheitert war.

Chamberlain trat deshalb vor dem britischen Parlament unmissverständlich für die Interessen Polens ein und versprach am 6. April 1939, Polen im Falle eines deutschen Angriffs beizustehen. Auch Frankreich sicherte in einem solchen Fall Unterstützung zu.

Nachdem er schon am 11. April in einer geheimen Weisung den Befehl gegeben hatte, den Krieg gegen Polen vorzubereiten, kündigte Hitler am 28.4.1939 das deutsch-polnische Bündnis auf und versuchte sich der Neutralität der Sowjetunion im Falle eines Angriffs auf Polen zu vergewissern.

Das Ergebnis der nun folgenden Geheimverhandlungen war kurze Zeit später ein **deutsch-sowjetischer Nichtangriffspakt** (auch Hitler-Stalin-Pakt genannt), der am 23. August 1939 unterzeichnet wurde. In einem streng geheimen Zusatzprotokoll wurde zudem in infamer Weise die Zerschlagung und Aufteilung Polens zwischen der Sowjetunion und Deutschland festgelegt.

Am **1. September 1939** entluden sich die dunklen Wolken über Polen in Form von Gewalt und Zerstörung. In einer Art **Blitzkrieg** überrollte die deutsche Armee die zahlenmäßig deutlich unterlegenen polnischen Streitkräfte.

Schon am 19. September musste trotz erheblichen Widerstandes der Großteil der polnischen Truppen kapitulieren, zumal eine Unterstützung durch die Westmächte ausblieb und am 17. August auch die russischen Truppen in Polen einmarschierten.

Am Ende der Kampfhandlungen hatte Polen 1230.00 Gefallene zu beklagen.

Polen unter deutscher Besatzung

Auf deutscher Seite waren es 10.572 tote Soldaten. Ende September wurde Polen wie geplant geteilt. Die Sowjetunion erhielt die Ostgebiete mit ungefähr 12 Millionen Einwohnern, davon 4,7 Mio. Polen. Das Kerngebiet Polens mit 20 Millionen Einwohnern, davon 17 Mio. Polen und 675.000 Deutsche, geriet unter deutsche Herrschaft.

Teile der **okkupierten** Ländereien wurden als Gaue Wartheland und Danzig-Westpreußen direkt dem Reich einverleibt oder Ostpreußen und Oberschlesien angegliedert.

Im restlichen Polen zwischen der neuen deutschen Ostgrenze und der neuen Westgrenze der Sowjetunion wurde am 10. Oktober das **„Generalgouvernement" mit der Hauptstadt Warschau** eingerichtet, das der deutschen Verwaltung unterstellt wurde.

Dieses Gebiet wurde zwangsläufig zum Zufluchtsort all derjenigen Polen, die aus den annektierten Gebieten vertrieben wurden. Das Leben in diesem Gebiet war geprägt von Mangel und ständiger Bedrohung durch die deutschen Besatzer. Besonders betroffen davon war die jüdische Bevölkerung.

In Hitlers Gedankenwelt spielte der Hass auf die Juden eine dominante Rolle und der massenwirksamste Punkt im nationalsozialistischen Programm war sicherlich der Antisemitismus.

Schon das Mittelalter war geprägt von negativen Gedanken gegenüber den Juden und die Bevölkerung empfand sie als gefährliche Bedrohung der christlichen Gemeinschaft. Diese Form des Antisemitismus war religiös begründet und im 19. und 20. Jahrhundert europaweit verbreitet.

Hitlers Antisemitismus basierte aber auf dem im 19. Jahrhundert aufkommenden Rassismus, der von Unterschieden zwischen menschlichen Rassen ausging und aus der Verschiedenartigkeit der Menschen eine Verschiedenwertigkeit ableitete. Den Juden wurden negative Eigenschaften angedichtet und sie nahmen in der hierarchischen Ordnung den untersten Platz ein. Nach Lesart des Nationalsozialismus gehörten die Deutschen hingegen der besten, nämlich der **nordisch-arischen Rasse** an. Ihrer verqueren Logik zufolge musste eine Verbindung zwischen einer arischen Person und einer jüdischen Person zu einer Schwächung der arischen Rasse führen und war demnach „Rassenschande".

Schon 1935 wurden in Deutschland die Juden durch die **„Nürnberger Gesetze"** geächtet. Durch sie wurden die Juden in Deutschland gesetzlich entrechtet und zu Menschen zweiter Klasse gemacht. Die Gesetze bedeuteten einen Abbau des gesetzlichen Schutzes und führten mittelfristig zum Verlust der Arbeitsstelle und letztlich zum Verlust ihres Eigentums.

Das dahinter stehende Ziel war es, die deutschen Juden zu animieren, in andere Länder auszuwandern. Davon machte bis Ende 1938 aber nur ein Drittel der in Deutschland lebenden Juden Gebrauch.

Um die Emigration zu **forcieren**, initiierte **Goebbels** von München aus in der Nacht vom **9. auf den 10. November 1938 Pogrome** in vielen deutschen Städten, in deren Verlauf viele Synagogen und jüdische Geschäfte zerstört und geplündert wurden. Viele Juden wurden willkürlich verhaftet, geschlagen und einige sogar ermordet - die öffentliche Verfolgung der Juden hatte begonnen.

Die Endlösung der Judenfrage
hat begonnen

Am 30. Januar 1939 hatte Hitler in einer Reichstagsrede gesagt, dass im Kriegsfalle auch die **jüdische Rasse vernichtet würde**, und diese Ankündigung in der Folgezeit verschiedene Male wiederholt. Dementsprechend wurde zwischen 1939 und 1941 die Ausgrenzung der Juden im Reich und in allen unterworfenen Gebieten vorangetrieben und der Mythos vom bösen Juden propagandistisch verstärkt.

Unmittelbar nach Kriegsbeginn begann die Umsiedlung der polnischen Bevölkerung aus den eingegliederten Gebieten ins Generalgouvernement. Schon am 21. September 1939 befahl Heydrich, SS-Obergruppenführer und Leiter des Reichssicherungshauptamtes, die Errichtung von Ghettos, in die alle polnischen Juden aus den besetzten Gebieten (ungefähr 550.000) und kurze Zeit später auch die Juden aus dem Reich (inklusive Österreich und Tschechoslowakei) sowie Sinti und Roma eingewiesen werden sollten.

Am 23. November wurde **die Armbinde zur Identifizierung für alle Juden** im Gouvernement obligatorisch. Um die jüdische Einwohnerschaft im Warschauer Ghetto wirksam zu kontrollieren, war dort schon im Oktober 1939 unter Leitung von **Adam Czerniakow** ein „Judenrat" eingesetzt worden, der die Anordnungen der deutschen Verwaltungsbehörden ausführen musste.

Diese Maßnahmen verstand Heydrich als eine Übergangsstufe zur Lösung der Judenfrage, wobei zu diesem Zeitpunkt noch nicht klar war, wie diese „Endlösung" aussehen sollte.

Schon der Transport in die Ghettos gestaltete sich ziemlich brutal und es war von den deutschen Behörden gewollt, dass viele Menschen während der beengten Fahrt in zugigen Viehwaggons ohne ausreichende Verpflegung erkrankten und starben. Der Generalgouverneur für das besetzte Zentralpolen, Hans Frank, ließ diesbezüglich seinem Judenhass freien Lauf und kommentierte diese Art des Sterbens mit den Worten, dass man mit den Juden nicht viel Federlesen machen sollte und es umso besser sei, je mehr stürben. Das von den Polen bei der Deportation zurückgelassene Eigentum wurde entschädigungslos beschlagnahmt und von der Haupttreuhandstelle Ost verwaltet.

Letztlich sollte das Generalgouvernement eine Art Arbeitskräftereservoir werden, aus dem sich die deutsche Wirtschaft je nach Bedarf bedienen konnte. Man schätzt, dass Ende 1944 ungefähr 2,5 Millionen Zwangsarbeiter im Reich eingesetzt waren.

Neben der Verfolgung der Juden war es in Polen das erklärte **Ziel der SS, die polnische Elite auszuschalten**. Systematische Erschießungsaktionen an Vertretern der polnischen Führungsschicht wurden zur gängigen Praxis, die von Einheiten der SS, der Gestapo und auch der Wehrmacht durchgeführt wurden.

Die polnischen Juden wurden innerhalb eines Jahres in Ghettos von der Außenwelt isoliert. Das größte, das Warschauer Ghetto, wurde am 15. November 1940 abgeriegelt. Durch Überfüllung und schlechte Versorgung litten die dort lebenden Menschen zwangsläufig an Enge, Hunger und Krankheiten. Im Warschauer Ghetto kam es infolgedessen 1941 zu einer Flecktyphus-Epidemie, in deren Verlauf viele Menschen starben.

Angesichts der großen Zahl von Juden in den besetzten Gebieten stellte sich für die deutschen Besatzer immer dringlicher die Frage, wie man mit den Juden zukünftig verfahren sollte. Für eine kurze Zeit wurde ernsthaft mit dem Gedanken gespielt, alle europäischen Juden auf die französische Insel Madagaskar zu deportieren. Nach dem Scheitern dieser Idee begannen Ende 1941 die Transporte der westeuropäischen Juden in die polnischen und baltischen Ghettos. Zugleich erfolgte bei den Nationalsozialisten ein Umdenken, das für die Juden dramatische Konsequenzen hatte. Hatte man bislang gehofft, dass alle Juden auswanderten, verbot man nun jegliche Auswanderung. **Die Wahnidee Hitlers, die physische Vernichtung aller Juden, nahm Gestalt an.**

Isolierung und Vernichtung der Juden
in den Ghettos und Lagern

Mit dem Angriff auf die Sowjetunion im Juni 1941 waren letztlich alle moralischen Bedenken über Bord geworfen worden. Die Vorstellungen über den weiteren Umgang mit den Juden veränderten sich radikal. Dinge, die vorher unvorstellbar gewesen waren, wurden nun von der NS-Führung kaltblütig geplant, von den handelnden Personen ausgeführt und von der Bevölkerung schweigend hingenommen.

Im Mai 1941 hatte **Himmler**, der Reichsführer der SS, das Konzentrationslager **Auschwitz**, ursprünglich für politische polnische Häftlinge gedacht, inspiziert und den Bau eines neuen Lagers für Kriegsgefangene mit einer Belegungsstärke von 100.000 Personen angeordnet.

Dieses Konzentrationslager Auschwitz II (Birkenau) wurde jedoch später zur Vernichtung der Juden genutzt und zum Synonym des Holocaust. Man schätzt, dass allein dort über eine Millionen Juden vergast und verbrannt wurden.

Kurz darauf, am 31. Juli 1941, erhielt Heydrich von Göring schriftlich den Auftrag, eine Gesamtlösung der Judenfrage in Europa zu planen. Der Zeitpunkt, an dem sich die deutsche Führung für die Ermordung und Ausrottung aller Juden entschloss, lässt sich nicht genau datieren, da die Nazis ab 1944, als die Niederlage absehbar wurde, versuchten, alle diesbezüglichen Akten zu vernichten. Deshalb gilt dieses Schreiben in der historischen Forschung als Ursprung der Endlösung, d. h. der systematischen Ermordung der europäischen Juden. Ob Hitler jemals einen schriftlichen Befehl zur Ermordung der Juden gegeben hat, ist nicht bekannt.

Am 18. September 1941 begann die SS auf Anordnung Himmlers, das Altreich von den Juden zu „befreien" und schon am 18. Oktober verließen die ersten Deportationszüge Wien, Berlin und Prag mit den Zielen Lodz und später auch nach den eroberten Städten Riga, Minsk und Kaunas.

In Polen hatte sich zwischenzeitlich die Versorgungslage der Juden in den Ghettos dramatisch verschlechtert und unzählige Menschen starben an Hunger und Erschöpfung. An verschiedenen Orten war es schon zu Massenerschießungen durch SS-Einheiten gekommen, aber es war noch keine allgemeingültige Vorgehensweise abgesprochen worden.

Man geht davon aus, dass im Herbst 1941 die Vorbereitungen für die Endlösung erfolgten und die Logistik der Massentötung erarbeitet wurde.

Am 20. Januar wurden alle daran Beteiligten, u. a. der Chef der Gestapo Heinrich Müller und Adolf Eichmann, von Heydrich zu einem Frühstück mit Besprechung in eine Villa am Wannsee eingeladen. Während dieses Treffens, später **Wannsee-Konferenz** genannt, wurde in geselliger Runde das gemeinsame Vorgehen abgesprochen und somit das Schicksal der europäischen Juden besiegelt. Die Juden wurden dabei nicht als Menschen gesehen, sondern lediglich als logistisches Problem. Anstelle der Auswanderung wollte man von nun an die Juden in Konzentrationslager in Polen evakuieren und sie dort ermorden, sei es durch Erschöpfung infolge harter Arbeit oder in der Gaskammer.

Von den ursprünglich 30 Protokollen dieses Treffens ist nur ein einziges Exemplar erhalten geblieben, das erst 1947 durch Zufall in den Akten des Auswärtigen Amtes gefunden wurde.

Unter dem Decknamen „Reinhardt" war schon am 1. November 1941 mit dem Bau des Vernichtungslagers Belzec (bei Lublin) begonnen worden. Im März 1942 erfolgte der Baubeginn des größeren Lagers Sobibor.

Den Baubefehl für das größte Vernichtungslager, **Treblinka**, nordöstlich von Warschau gelegen, erteilte Heinrich Himmler am 17. April 1942. Im Mai wurde mit den Bauarbeiten begonnen und im Juli wurde das Lager fertiggestellt.

Treblinka:
Das Ende Korczaks und seiner Kinder

Im Rahmen der Aktion „Reinhardt" wurden in den Jahren 1942/43 über 2 Millionen Juden und 50.000 Sinti und Roma ermordet. Allein in Treblinka wurden zwischen dem 22. Juli 1942 und dem 21. August 1943 über 700.000 Menschen ermordet und verbrannt. Die meisten Juden aus dem Warschauer Ghetto wurden nach Treblinka gebracht. Auch Janusz Korczak und seine Waisenkinder gehörten dazu.
Schon am 5. August 1942 wurden sie abtransportiert – danach verlieren sich ihre Spuren.
Wahrscheinlich wurden sie schon am 6. oder 7. August ermordet, weil sie nicht arbeitsfähig waren.

„200 Kinder standen zu Tode erschrocken da. Dann geschah etwas Außergewöhnliches: Diese 200 Kinder schrien nicht, weinten nicht, keines von ihnen lief davon, keines verbarg sich. Sie schmiegten sich nur an ihren Lehrer und Erzieher, an Janusz Korczak, damit er sie behüte und beschütze. Er stand in der ersten Reihe. Er deckte die Kinder mit seinem ausgemergelten Körper. Die Hitlerbestien nahmen keine Rücksicht. Die Pistole in der einen, die Peitsche in der anderen Hand, bellten sie: Marsch!"

Janusz Korczak, barhäuptig, mit einem Lederriemen um den Mantel, mit hohen Stiefeln, hielt das jüngste Kind an der Hand und ging voraus. Die Kinder waren von allen Seiten von deutschen, ukrainischen und jüdischen Polizisten umgeben. **Die Steine weinten,** *als sie diese Prozession sahen, doch die faschistischen Mörder trieben die Kinder mit Peitschen weiter und schossen immer wieder. Bis zum heutigen Tag fehlt jede Spur, wo Janusz Korczak mit den 200 Kindern geblieben ist."*[1]

1.) https://www.br.de/fernsehen/ard-alpha/sendungen/schulfernsehen/warschau-nationalsozialismus-widerstand-korczak100.html

Projektvorschläge

Vielleicht habt ihr ja zum Schluss der Unterrichtseinheit noch Zeit für ein Projekt, das ihr alleine, in Partner- oder Gruppenarbeit vorbereiten könnt.

Hier sind einige Themenvorschläge:

1. Bei Korczak gab es ein Kindergericht. Wenn es bei euch in der Lerngruppe zu ernsthaften Konflikten kommt - an wen wendet ihr euch?

Sind die Erwachsenen, vielleicht die Schulleitung oder der Klassenlehrer, eure ersten und einzigen Ansprechpartner oder gibt es ein **„Streitschlichterprogramm"** an eurer Schule?

Wenn nicht - informiert euch über dieses an Schulen lange erprobte Programm und stellt es anschließend vor. Ihr könnt auch Streitschlichter anderer Schulen einladen und diese befragen.

Diskutiert in eurer Lerngruppe, ob dies für eure Schule von Vorteil wäre. Stellt es evtl. später auch in der SV, in der Lehrerkonferenz oder in der Schulkonferenz vor.

2. Wo hört man heute in der deutschen Öffentlichkeit den Namen „Korczak"? Wie und wo erinnert man sich an ihn? In Polen ist dieser Mann ein „Volksheld".

Recherchiert und berichtet über diese Frage und überlegt, ob dieser Mann ausreichend gewürdigt wird.

Stellt eure Ideen vor und macht eigene Vorschläge, wie man, wenn ihr dies für richtig haltet, sein Leben und **sein Werk in der Öffentlichkeit** entsprechend **verbreiten** könnte.

3. Korczak gilt als der **„Vater der Kinderrechte"**. Recherchiert dieses internationale Menschenrechtsinstrument der UN und stellt es vor.

4. In eurer näheren Umgebung sucht eine neue Schule ihren Namen. Mehrere Vorschläge liegen bereits auf dem Tisch. Ihr seid davon überzeugt, dass die Schule **„Janusz-Korczak-Schule"** heißen sollte. Ihr wisst, dass vor allem aus dem Kreis der Erwachsenen ein anderer Vorschlag in die Waagschale geworfen wird. Ein Lokalpolitiker wird hier bevorzugt.

Bereitet euch also darauf vor, Korczak so gut und so attraktiv wie möglich ins Rampenlicht zu rücken. Ihr müsst vor allem die Erwachsenen, die Lehrerschaft und die Stadt für euren Vorschlag gewinnen. Nehmt andere Mitschüler mit ins Boot. Es soll ja der Name einer **Schule** werden.

5. Janusz Korczak hatte es als Jude im christlich-katholischen Polen schwer. Wie sieht die Situation in Deutschland heute aus?

Gibt es immer noch **Antisemitismus in unserer Demokratie**, in der das Grundgesetz Toleranz verspricht und die Würde eines jeden Menschen unantastbar sein sollte?

Werden auch aktuell jüdische Kinder, Jugendliche oder auch Erwachsene diskriminiert?

Recherchiert dieses Thema, nehmt Stellung und stellt es eurer Lerngruppe vor.

6. Erstellt ein großes **Plakat** oder eine Collage für eine **Korczak-Ausstellung**, die eure Schule oder eure Stadt plant.

7. Baut **eine eigene Ausstellung** mit Texten, Bildern, Fotos oder Collagen zum Thema „Korczak" in eurer Schule auf, mit deren Hilfe eure Mitschülerinnen und Mitschüler diesen großen Menschen kennenlernen können.

8. Bereitet eine Powerpoint- oder eine andere Form der Präsentation zum Thema „Der Aufstand der Juden im Warschauer Ghetto" vor.

Fragebogen zur erstmaligen Meldung der Heilberufe.
Kwestionariusz dla pierwszego zgłoszenia zawodów leczniczych.

Heilberufe im Sinne dieser Meldung sind: Ärzte, Apotheker, Zahnärzte, Dentisten mit Berechtigung die selbständige
Kwestionariusz obejmuje następujące zawody lecznicze: Lekarzy, aptekarzy, dentystów, uprawnionych techników dentystycznych, nieuprawnionych techników dentystycznych,
Praxis auszuüben, Zahntechniker ohne Berechtigung die selbständige Praxis auszuüben, Feldschere, Hebammen,
felczerów, położnych, pielęgniarzy, pielęgniarki, masażystów, masażystki, pomocników ambulatoryjnych, laborantki, dezynfektorów.
Krankenpfleger, Krankenpflegerinnen, Krankenschwestern, Masseure und Masseusen, Sprechstundenhilfen, Laborantinnen, Desinfektoren.

Die Fragebogen müssen gewissenhaft und sorgfältig ausgefüllt und deutlich geschrieben werden. Vor der Ausfüllung sind zunächst sämtliche Fragen zu lesen.
Kwestionariusz winien być wypełniony czytelnie i zgodnie z prawdą. Przed wypełnieniem należy odczytać wszystkie pytania.

Gesundheitskammer des Distrikts: *Warszawa*
Izba Zdrowia Dystryktu:

Kreishauptmannschaft: *Warszawa*
Starostwo Okręgowe:

Kreis:
Powiat:

Art des Heilberufes: *Lekarz*
Rodzaj zawodu leczniczego:

1. Familienname (bei Frauen auch Geburtsname): *Goldszmit*
   Nazwisko (u kobiet zamężnych, nazwisko panieńskie):

2. Vorname (Rufnamen unterstreichen): *Henryk*
   Imię (główne imię podkreślić):

3. Ständiger Wohnort und Wohnung: *Złota 8 m 4*
   Stałe miejsce zamieszkania (ul. nr domu i mieszk.):

4. Praxisstelle bezw. Arbeitsstätte:
   Miejsce wykonywania zawodu:

   a) bei selbständigen Heilberufen Praxisstelle: *"*
   przy zawodach samodzielnych miejsce wykonyw. praktyki:

   b) bei angestellten Heilberufen Arbeitsstätte (Arbeitgeber, Krankenhaus, Klinik usw.):
   przy zawodach niesamodzielnych miejsce pracy (pracodawca, szpital i t. p.):
   Krochmalna 92. Dom Sierot

5. Heimatanschrift: *Warszawa*
   Miejsce przynależności:

6. Tag, Monat und Jahr der Geburt: *22 VII 1878 (1879?)*
   Dzień, miesiąc i rok urodzenia:

   Geburtsort: *Warszawa*   Kreis: *Warszawski*
   Miejsce urodzenia: Powiat:

7. Sind Sie ledig, verh., verwitwet, geschieden? *Wolny*
   Stan (wolny, żonaty, owdowiały, ewentualnie rozwiedziony):

   Der Ehefrau a) Mädchenname: —   b) Geburtsdatum: —
   Żona a) Nazwisko panieńskie: b) data urodzenia:

8. Zahl und Geburtsjahr der Kinder (die Verstorbenen in Klammern):
   Ilość i wiek dzieci (zmarłe wymienić w nawiasie):

   1. —   2. —   3. —

9. Religiöses Bekenntnis: *Mojżeszowe*
   Wyznanie religijne:

10. Staatsangehörigkeit am 1. 9. 1939: *Polska*
    Przynależność państwowa w dniu 1. 9. 1939:

Bildquellen

Seite 9: © JStone – shutterstock.com; © Martin Luther King - wikipedia.com gemeinfrei; © Mahatma Gandhi - Wikipedia.com gemeinfrei; Collage aus: © s_bukley - shutterstock.com und Zeichnung v. Flugzeug: E. Uthmeier; **Seite 10:** Zeichnung: Frauke v. Lowtzow; **Seite 11:** Zeichnung: Frauke v. Lowtzow; Foto: A. Pölert-Klassen; **Seite 12:** Collage aus Fotos von A. Pölert-Klassen; **Seite 13:** Zeichnung: Frauke v. Lowtzow; **Seite 14:** © Everett Historical - shutterstock.com; Collage: Fotos: A. Pölert-Klassen; **Seite 15:** Zeichnung: Frauke v. Lowtzow; **Seite 16:** Zeichnung: Frauke v. Lowtzow; **Seite 17:** © mrmohock – shutterstock.com; **Seite 18:** Zeichnung: Evelyn Uthmeier; **Seite 19:** © libond – AdobeStock.com; **Seite 20:** © Africa Sudio - shutterstock.com; © Truba 7113 - shutterstock.com; **Seite 21:** © Syda Productions - AdobeStock.com; **Seite 22:** © korczakianum.muzeumwarszawy.pl; Zeichnung: Evelyn Uthmeier; **Seite 23:** Collage Foto des Steins: A. Pölert-Klassen; **Seite 24:** Zeichnung: Frauke v. Lowtzow; **Seite 25:** Zeichnung: Frauke v. Lowtzow; **Seite 26:** Zeichnung: Evelyn Uthmeier; **Seite 27:** Collage aus Korczak (Kopf) © korczakianum.muzeumwarszawy.pl und private Fotos A. Pölert-Klassen; **Seite 28:** Zeichnung: Evelyn Uthmeier; **Seite 29:** Zeichnungen: Evelyn Uthmeier; **Seite 30:** © asmakar - AdobeStock.com; Collage: © Jürgen Fälchle – AdobeStock.com; © OleksSH - shutterstock.com; © Erica Guilane-Nachez – AdobeSock.com (2x); © asmakar - AdobeStock.com; © OleksSH – shutterstock.com; Foto: (Reiches Haus) A. Pölert-Klassen; **Seite 31:** © jiduha – AdobeStock.com; © Florin Giorgini – AdobeStock.com; **Seite 32:** © DorSteffen – AdobeStock.com; **Seite 34:** Zeichnung: Frauke v. Lowtzow; **Seite 35:** Zeichnungen: Sabeth Niemann (o. rechts) Evelyn Uthmeier (u. links); **Seite 36:** Zeichnung: Evelyn Uthmeier; **Seite 37:** Zeichnung: Frauke v. Lowtzow; **Seite 38-41:** © korczakianum.muzeumwarszawy.pl; **Seite 41:** © korczakianum.muzeumwarszawy.pl; **Seite 42:** © korczakianum.muzeumwarszawy.pl; Foto: A. Pölert-Klassen (o. links); **Seite 43-44:** © korczakianum.muzeumwarszawy.pl; **Seite 45:** Zeichnung: Frauke v. Lowtzow; **Seite 46:** Collage aus: © icholakov - AdobeStock.com; © Alaska-Tom – AdobeStock.com; Collage: © korczakianum.muzeumwarszawy.pl (Haus); © Carsten Reisinger – AdobeStock.com; **Seite 47:** © laufer - Adobestock.com; **Seite 49:** © https://www.youtube.com; **Seite 50:** © korczakianum.muzeumwarszawy.pl; **Seite 51:** © seread - AdobeStock.com; Zeichnung: A. Pölert-Klassen; **Seite 52:** Collage: Kinderfotos: A. Pölert-Klassen und © Foto: Korczakkopf korczakianum.muzeumwarszawy.pl; Collage: © pico – AdobeStock.com; Foto: Mädchen A. Pölert-Klassen; Zeichnungen: Frauke v. Lowtzow; **Seite 53:** o. r. © korczakianum.muzeumwarszawy.pl; Zeichnung: Frauke v. Lowtzow; **Seite 54:** Zeichnung: Frauke v. Lowtzow; **Seite 55:** Zeichnung: Evelyn Uthmeier; **Seite 56:** Collage: Zeichnung: Flugzeug A. Pölert-Klassen; Andere Fotos: Pölert-Klassen; © Everett Historical – shutterstock.com; **Seite 57:** © korczakianum.muzeumwarszawy.pl; **Seite 58:** © Everett Historical B – shutterstock.com; **Seite 59:** Zigarettenbild aus Privatbesitz A. Pölert-Klassen; Zeichnung: Evelyn Uthmeier; **Seite 60:** © Bildarchiv Bild 101I-134-0771A-38; Zeichnung: Frauke v. Lowtzow; **Seite 61:** Zeichnung: Frauke v. Lowtzow; **Seite 62:** Fotos: A. Pölert-Klassen; **Seite 63:** Zeichnung: Evelyn Uthmeier; **Seite 64:** © Svetocheck – Shutterstock.com; © steschum – AdobeStock.com; **Seite 65:** © Kapa1066 Shutterstock.com; Grafik: A. Pölert-Klassen; **Seite 66:** © Bundesarchiv Bild 183-E13884; © eZeePics Studio – AdobeStock.com; **Seite 67:** © Everett Historical – Shutterstock.com; **Seite 68:** Grafik Joachim Zwick; **Seite 69:** © Everett Historical – Shutterstock.com; **Seite 70:** Fotos: A. Pölert-Klassen; **Seite 71:** Zeichnung: Evelyn Uthmeier; **Seite 72:** Collage: © cityanimal – AdobeStock.com; © Onur – AdobeStock.com; © zatletic – AdobeStock.com; © pashabo – AdobeStock.com; Zeichnung: Sabeth Niemann; **Seite 73:** Foto: A. Pölert-Klassen; **Seite 74:** Foto: A. Pölert-Klassen; Collage: © S Studio – AdobeStock.com; Fotos: A. Pölert-Klassen; **Seite 75:** Zeichnung: Evelyn Uthmeier; **Seite 76:** Zeichnung: Sabeth Niemann; **Seite 77:** Fotos: A. Pölert-Klassen; **Seite 78:** Briefmarke: Privatbesitz Foto: A. Pölert-Klassen; **Seite 80:** Foto A. Pölert-Klassen;